1%의 힘
농업 안내서

1%의 힘 농업 안내서

유재흠 지음

너머학교

차
례

나는 1992년 5월 부안군 하서면 노곡마을에서 농사를 짓기 시작했다. 다랑논 다섯 마지기를 얻어 벼농사를 시작했다. 내가 안심하고 먹을 수 있는 먹거리를 만들어야겠다는 생각에 친환경 농사를 지었다. 혼자 감당하기 어려운 생산과 유통의 여러 일들을 도모하기 위해 작목반과 영농조합법인을 만들었다.

농사를 통해 새로운 삶을 살기 위해 부안에 온 사람들과도 만났다. 더 재미있는 시골 살림을 살아 보고자 그들과 친목 모임도 만들었다. 협동의 농사를 통해, 보다 행복한 동네를 만들 수 있다는 신념으로 닥친 어려움들과 씨름했다. 고뇌의 날도 있었다. 영광의 날도 있었다.

이 글은 그렇게 부딪히며 지나 온 지난 32년간의 농사 기록이다. 이

시대 호남평야의 한 귀퉁이에서 있었던 농사의 모습이기도 하다. 협동의 시작과 어려움 그리고 그 결실을 보는 마음의 움직임을 기록하고자 했다.

친환경 농사와 농촌 공동체의 삶을 꿈꾸는 이들에게 참고가 될까 하여 현재 내가 하고 있는 농사의 방법들에 관해 가급적 자세하게 정리하고자 했다. 내가 바라는 미래 농업에 대한 생각도 적었다.

30년 넘게 농사를 지었지만, 여전히 농사는 어렵다. 다만 농사를 통해 나는 삶을 좀 더 이해하게 되었다. 시작보다는 마무리가 중요하다는 것, 빨리 가기보다는 올바로 가야 한다는 것, 혼자 부자 되기보다는 여럿이 행복해야 한다는 것을 알게 되었다.

구름에 쌓여 있는 변산, 물안개 피어오르는 우리 마을 실개천, 그 속에 사는 미꾸라지, 갈겨니, 버들치, 우리 마을에서 겨울을 보내러 온 오리와 기러기, 그네들을 품어 주는 논과 밭, 처마에 떨어지는 빗물, 공기…….

이렇게 많은 선물을 받고 농사짓고 살 수 있는 것에 행복하고 감사하다.

농부의
살림살이

1

이제 안다. 농사에서 작은 문제를 바로 정리하지 않으면
그 문제는 하루에 두 배씩 커진다는 것을.
생각을 너무 오래 하지 않고, 힘든 것에 대한 두려움을
툴툴 털고, 가급적 곧바로 행동에 돌입한다.
좀 더 쉽고 편한 길은 없다. 따지고 주저하는 사이에
잡초는 더 크게 자라고 둑은 터진다.

시작은 마무리부터

끝은 새로운 시작이다. 동지가 지나자 엄연한 겨울이다. 따순 햇살도 저녁 어스름이면 차가운 냉기로 바뀐다. 들판을 노닐던 기러기 떼는 시끄러운 울음을 울며 어두운 숲으로 날아간다. 그렇게 시린 밤이 지나고, 먼동이 터 오는 들판은 허연 서리로 덮여 있다. 어김없이 아침이 열리고 햇살을 맞은 밭이랑에선 설설 김이 피어오른다.

이 밭에서 봄에는 감자가, 여름에는 옥수수와 콩, 그리고 가을에는 배추가 자랐다. 1년 내내 작물을 키워 낸 논, 밭은 추수를 마치고 빈 들판으로 누워 다시 하루를 시작한다.

농사일이 마무리된 12월 말은 각종 정리와 회의로 분주하다. 하지만 내년 농사를 위해서는 올 농사의 잔해를 정리하고 말끔하게 정리를 해 놓는 일이 무엇보다 중요하다.

리틀 적토마(내가 타는 125시시 스쿠터다)를 타고 괜히 어슬렁거리듯 여기저기 논밭을 돌아다닌다. 내년에 여기는 뭐 심을까, 저기는 뭐 심을까 생각도 해 본다. 겨울을 나고 있는 마늘밭에 멈춰 서 "추운디 욕 덜 보네~." 구시렁거리며 말을 걸어 본다. 며칠 전 내린 겨울비에 마늘 잎사귀가 보기 좋게 자랐다.

농사는 준비가 반이다. 밭에 버려진 농사 잔해와 쓰레기를 주워 낸다. 지난여름 태풍을 못 이기고 기울어진 옆집 은행나무, 얼기설기 밭 모퉁이에 부대끼며 꼬불거리고 자라 있는 뽕나무, 새끼 쭉나무('가죽나무'의 사투리) 미안하지만 깨끗이 베어 낸다. 베어 낸 나무는 도끼 낫으로 잔가지를 쳐 내고, 굵은 가지는 적당한 크기로 잘라서 땔나무로 정리해 둔다. 일하며 먹고 버린 빵 봉지나 커피 캔, 바람에 날려 밭두렁에 붙어 있는 비닐 쪼가리 등을 주워 분리해서 버리고 나면 대략 정리가 끝난다.

이번에는 본격적인 밭 정리다. 밭작물은 물에 잠기면 안 된다. 비가 많이 와도 물이 잘 빠져야 되고, 땅속으로도 잘 스며들어서 땅이 고슬고슬한 상태가 유지되어야 한다. 따라서 밭 정리의 핵심은 안팎으로 물 빠짐이다.

밖으로의 물 빠짐을 위해서 막힌 수로를 뚫고, 한쪽으로 쏠려 있는 흙도 긁어서 원래 위치로 되돌려 준다. 어떤 모양으로든 적절한 경사도를 갖추어 물이 잘 빠지도록 정비하는 일은 밭 정리의 핵심 작업이다. 이럴 때 포클레인은 유용한 장비다.

안으로 물이 잘 빠지게 하려면 흙이 딱딱하게 굳지 않도록 잘 가꾸어 주어야 한다. 흙이 굳지 않으려면 흙 속에 생물들이 많이 살아야 하는데, 흙이 좋은 곳에는 손톱만 한 넓이에 수억 마리의 미생물이 산다. 이 미생물을 먹고 고자리파리와 지렁이, 땅강아지가 자라고, 얘들을 먹기 위해 두더지가 밭을 갈고 다닌다.

농부는 좋은 땅을 만들기 위해 퇴비와 비료를 넣는다. 퇴비는 미생물의 집이고 비료는 미생물의 먹이다. 먹고 싼 미생물의 똥을 식물이 먹고 자란다. 좋은 퇴비와 비료를 적절하게 잘 넣어 주는 것이 농부의 일이다. 이것은 봄에 할 일이니 잠시 미뤄 두자.

정리가 끝나고 트랙터에 쟁기를 달아 밭을 갈아엎는다. 콩대며 배춧잎 등 농사 잔해물을 땅속에 넣어 주고, 공기 소통을 좋게 하여 미생물들이 새로운 역사를 시작하도록 도와주려는 목적이다. 물론 이건 순전히 농사꾼의 입장이지 땅속 미생물의 입장도 나와 같은 것은 아니다. 그들 입장에서는 느닷없이 천지가 개벽을 하는 것이니 미안한 일이다. 부디 새집을 잘 짓고 번성하기를 기원한다.

속살을 드러낸 밭에서는 무럭무럭 김이 올라온다. 나는 다시 그 뭔가로 가득 찬 빈 들판에 서 있다. 이렇게 또 새로운 농사가 시작되고 있다. 설렌다.

동지는 12월 말경인데 이때까지 농사일을 잘 마무리하고 내년을 위한 준비를 마쳐야 다음 해 농사를 잘 지을 수 있다.

농사는 시작보다 마무리가 더 중요하다. 콩 타작을 하려면 마당부터 쓸어야 한다. 논을 말리려면 물부터 잡아야 한다. 끝은 새로운 시작이다. 농사는 그렇게 이어진다.

농사를 마주하는 자세

사람마다 생각을 바꾸게 되는 결정적인 순간이 있다. 농사를 시작한 지 2년이 채 안 된 새내기 농사꾼 시절이었다. 1994년 2월 말쯤, 한 해 농사 준비로 이것저것 마음만 바쁠 때다. 밤새 봄비가 '솔찬이'(상당히, 꽤 많이) 내렸다. 아침에 냇가 물이 제법 흘러 내려갔다.

옆 마을에 사는 엄영애 선생님에게서 도움 요청이 왔다. 엄 선생님은 여성농민운동의 대모로, 우리가 부안에 정착하는 계기가 되어 준 분이다. 어지간한 일은 혼자 척척 해내는 여장부다. 나한테 도움을 청할 적에는 꽤나 큰일이 생긴 모양이었다.

밤새 내린 비로 웅덩이가 넘쳤고 물을 퍼내야 한다는 얘기였다. 정확하게 무슨 일인지는 모르겠으나 물을 퍼내려면 장비가 필요하겠거니 싶어 경운기를 끌고 재를 넘어 선생님의 집으로 향했다.

경운기는 고향 집에서 더 이상 농사를 짓지 않아 쓸모가 없어져서 5톤 트럭에 실어 가져온 것이었다. 경운기에는 압축 분무기가 붙어 있는데, 물을 뿌리기도 하고 빨아들이기도 하는 기계장치다.

선생님의 집에 당도해 보니 웬 커다란 정화조 통이 마당에 떡하니 있었다. 정화조를 묻으려고 땅을 파고 정화조 통을 넣어 놓았는데, 간밤에 내린 비로 빗물이 흘러 들어가 구덩이가 넘치면서 이 사태가 벌어진 것이다. 보통 사건이 아니었다. 하지만 난 자신만만했다. 나에게는 압축 분무기가 있지 않은가? 나는 의기양양하게 경운기를 옆에 대고는 압축 분무기를 가동시켰다. 그런데 웬일인가. 한참이 지나도 물이 빨려 올라오지 않고 기계만 돌아가는 것이 아닌가? 난감했다. 자세히 보니 압축 분무기 통에 실금이 나 있었다. 지난겨울에 압축 통에 남아 있던 물이 얼면서 통에 금이 간 모양이다. 틈이 있으니 압축기 통 속에 진공이 형성되지 않았고 기계가 헛돌기만 한 것이다. 적이 실망하여 대책을 찾느라 머리를 굴려 보았으나 뾰족한 수가 떠오르지를 않는다. 읍내에 나가서 기계를 고쳐 오려면 하루가 걸릴 판이다. 하지만 당장 물을 퍼내지 않으면 공사에 지장이 생겨 곤란한 상황이 된다. 어찌한다?

한참을 기계만 만지고 있는데 저쪽에서 박형진 형님이 어슬렁거리며 걸어왔다. 물장화를 입고 양동이를 들고 있다. 설마 양동이로 물을 퍼내려는 것인가? 정말! 형님은 배꼽 넘게 물이 차 있는 물웅덩이에 잠시의 망설임도 없이 들어가 양동이로 물을 퍼내기 시작했다. 몇 톤은 들어갈 듯한 웅덩이였는데, 양동이로 물을 퍼내자 조금씩 물이 줄어드는 것이 눈에 보인다. 차 한 잔 마실 시간쯤 퍼내니 한 자는 줄어들었다. 그렇게 한 시간 남짓 나와 형님이 번갈아 가며 물을 퍼내니 웅덩이에 고인 물은 어느새 바닥을 보이고 있었다.

일을 마무리 짓고 압축기와 양동이에 대해 생각했다. 기계가 대체로 우월하다는 생각은 그야말로 고정관념일 뿐이었다. 일을 대하는 자세에 대해서도 많은 생각을 하게 되었다. 농사에서는 문제를 해결하는 방법이 다르구나! 막고 품는 것이 더 빠르다. 생각하는 시간이면 끝낼 수 있다. 보통은 문제 발생 → 생각 → 해결책 모색 → 견적 → 실행의 순서를 밟는데, 어떤 일은 문제 발생 → 해결책 실행이다.

그렇다고 내 태도가 하루아침에 바뀐 것은 아니다. 그 후로도 문제가 생기면 한참을 이런저런 계산을 해 가며 행동에 돌입하는 데까지 오래 걸렸다. 그렇게 10여 년쯤 시간이 흘렀을까. 어느 날 물꼬를 보러 갔다가 벼 포기 사이에 난 풀을 보고 아무 생각 없이 들어가 뽑고 있는 나를 발견했다. 예전 같았으면 일단 멈춰 서 머릿속 계산기를 열심히 두드렸을 것이다. 일단 풀이 얼마나 났는지 관찰하고, 뽑는 데 걸리는 시간을 계산한다. 풀매기에 투입될 인건비 견적을 내느라 며칠을 쓰고, 그 사이 풀은 점점 손쓰기 어려울 정도로 자란다. 결국 이번 농사는 이쯤 짓고 내년에 잘 짓자고 위로하면서 돌아섰을 것이다.

그런 실패의 과정을 거쳐 나는 이제 안다. 농사에서 작은 문제를 바로 정리하지 않으면 그 문제는 하루에 두 배씩 커진다는 것을. 생각을 너무 오래 하지 않고, 힘든 것에 대한 두려움을 툴툴 털고, 가급적 곧바로 행동에 돌입한다. 좀 더 쉽고 편한 길은 없다. 따지고 주저하는 사이에 잡초는 더 크게 자라고 둑은 터진다.

농사를 지으면서 지금도 이런 일을 매일 겪는다. 어지간한 짐은 그냥 어깨에 짊어지고 간다. 웬만한 길은 걸어서 간다. 물꼬가 터지면 맨손으로라도 막는다. 잡초가 올라오면 들어가서 뽑는다. 막고 품는다. 옳은 일은 그냥 한다. 어깨나 발이 조금 아프고 잡초를 뽑다가 회의에 늦기도 하고 옳은 일을 하다 개인적인 손해를 볼 수도 있다. 그럼에도 농사에서만큼은 '막고 품는 것'이 대체로 우월하다.

이동 수단 변천사

시골은 대중교통이 드물고 교통수단이 마땅치 않다. 자전거든 오토바이든 자가용이든 개인 이동 수단이 없으면 불편할 수밖에 없다. 농사를 짓는 데에 빠른 이동 수단은 필수적인 장비이다. 오토바이나 트럭은 가장 먼저 필요한 농기계다.

부안에 내려오자마자 처음으로 장만한 것이 자전거였다. 나의 첫 정착지는 하서면 청호리 노곡마을이었는데 읍내로부터 12킬로 정도 떨어져 있는 동네였다. 큰맘 먹고 읍내 자전거 가게에서 7만 원을 주고 중고 자전거를 샀다. 자전거를 타고 집으로 돌아오는 길은 멀고도 험했다. 맞바람이 불어 당최 자전거가 노력한 만큼 앞으로 나가지를 않았다. 집에 돌아오는 길은 두어 시간이나 걸렸고 도착할 때쯤에는 이미 지칠 대로 지쳐 있었다. 자전거를 타고 읍내에 볼일을 보러 다니는 일은 불가능했다. 얼마 지나지 않아 화장실 옆에 세워 둔 자전거는 몇 년이 지나 고물 장수에게 실려 갈 때까지 움직이지 않았다.

경운기를 잠시 자가용으로 쓰기도 했다. 엔진 쪽에 달린 벨트 풀리를 큰 것으로 교체하면 회전수가 높아져 경운기도 시속 20킬로 가까운 속도를 낼 수 있다. 하지만 농사철에는 작업기를 매달고 있어야 하므로 경운기를 자가용으로 쓰는 데는 한계가 있었다.

하여 오토바이를 장만했다. 88오토바이는 이동 수단에 대한 많은 고민을 해결해 주었다. 최고 시속 80킬로 정도가 나오는데 읍내까지 10여 분이면 갈 수 있었다. 중고로 가격도 저렴하여 30만 원 정도면 살 수 있었다. 돈이 좀 생긴 뒤 비슷한 기종인 시티100으로 갈아탔다. 가격은 110만 원이었다.

88과 시티100 오토바이는 1990년대 농촌에서 최고의 이동 수단이었다. 웬만한 농부들은 다 타고 다녔다. 심지어는 시티100 동호회도 있었다. 이분들은 농사일이 끝나고 추위가 오기 전, 날을 잡아 시티100

투어를 하기도 했다. 10여 명이 뒷자리에 각시를 태우고 제주도 일주를 하기도 했다. 비록 100시시(cc) 배기량의 작은 오토바이를 탔지만 그 기상은 1000시시 바이크 행렬에 못지않았다고 한다.

오토바이는 속도와 기동성으로는 최고의 수단이었다. 다만 겨울이 문제였다. 겨울에 오토바이를 타는 일은 너무 춥고 길도 위험했다. 또 오토바이에는 짐을 많이 싣지 못한다는 결정적인 한계가 있었다.

트럭이 필요했다. 트럭부터는 면허증이 있어야 한다. 면허증을 따려면 학원을 다녀야 했는데 학원을 다니지 않고도 시험은 볼 수가 있었다. 나는 학원을 다니지 않고 면허를 따기로 했다. 1994년 10월 먼저 필기시험에 도전했다. 1종 면허 시험을 봤는데 68점을 받았다. 낙방이었다. 적잖은 충격이었다. 시험을 우습게 보고 공부를 하지 않은 때문이다. 공부를 열심히 하고 2주 뒤에 다시 시험을 보았다. 88점으로 합격이었다. 이번에는 실기 시험이었다. 실기는 코스와 주행으로 나뉘었다. 코스는 ㄹ자, T자, S자 3구간을 주어진 시간 안에 빠져나오는 것이었고 주행은 지금처럼 도로 주행이 아니라 면허 시험장을 한 바퀴 돌며 건널목, 신호등, 언덕, 요철, 급제동 등을 시간 안에 통과하는 것이었다.

필기부터 주행까지 하루에 다 볼 수도 있었다. 내가 필기에서 떨어진 날, 나와 함께 시험을 보러 갔던 박병기 형은 하루에 필기, 코스, 주행 시험에 합격하는 쾌거를 이루었다. 하지만 나는 필기에서 한 번 떨

어지고 코스와 주행에서는 무려 12번의 시험을 치른 뒤에야 합격의
영광을 안을 수 있었다. 시간도 햇수로 2년이나 걸렸다. 학원을 다니지
않았으니 변변히 연습도 못 하고 시험을 보기 일쑤였고 그나마 시험을
보면서 차를 운전해 보는 것이 연습의 전부였다.

농번기에는 시험을 볼 수도 없었다. 면허 시험 신청서에 붙이는 증
지가 앞면을 꽉 채우고 뒷면에도 붙기 시작할 때쯤, 어쩐지 마음이 평
화롭던 날, 참으로 자연스럽게 주행을 마치고 결승선에 들어설 때 선
명하게 들어오던 합격을 알리는 녹색등을 지금도 잊지 못한다.

나의 운전면허는 이렇게 피와 땀으로 얼룩져 있다. 학원비 8만 원을
아끼려다 열 곱절의 시간과 비용이 들었다. 세상을 만만히 보다가는
큰 대가를 치른다는 사실도 덤으로 깨달았다.

어떤 시험도 쉬운 것은 없다. 시골 분들의 운전면허 도전기는 눈물
겹기도 하다. 내가 본 최다 도전은 30여 회다. 그 양반은 신청서 앞뒷면
이 증지로 꽉 차고, 증지에 증지를 이어 붙여 본바탕보다 면적이 넓어
진 너덜너덜한 신청서를 가지고 다녔다. 필기만 15번 떨어지고 참말로
포도시(어렵게) 면허 시험에 합격했다. 하지만 안타깝게도 시험을 본
기간만큼도 운전을 하지 못하고 사고를 낸 뒤 다시 자전거를 타고 다
니신다.

지금은 자가용과 트럭을 타고 부안이든 전국 어디든 다 돌아다니지
만 여전히 스쿠터와 자전거는 중요한 이동 수단이다. 자가용은 전국으

로, 트럭은 군 단위를, 스쿠터는 물꼬를 보러 갈 때, 자전거는 한가로울 때나 기계를 옮기고 돌아올 때 타게 된다. 뭐 하나 쓸모없는 것이 없다.

농기계의 진화

처음 정착한 노곡마을은 석불산을 동북 방향으로 등지고, 청호 저수지를 건너 드넓은 계화 들판을 앞에 두고 있다. 하지만 정작 자기 땅을 가진 사람은 절반도 안 되는 가난한 동네였다. 농사보다 저수지에서 붕어를 잡아 생활하는 사람이 더 많았다. 당연히 논, 밭을 가는 기계는 없었다.

농사철이 되면 옆 동네 농기계가 들어와 동네 논밭을 모두 갈아 주었다. 귀한 농기계가 들어와 일을 해 주니 대접이 이만저만이 아니었다. 이 집 밭에서 저 집 밭으로 옮길 때마다 닭고기, 돼지고기가 푸짐하게 새참으로 나왔다. 작업비도 짱짱했다. 한 마지기 밭을 갈면 2만 원을 주었다. 트랙터로 하루 종일 밭을 갈면 대략 15~20마지기쯤 작업을 하는데 꽤 짭짤한 돈벌이가 되었다.

논 작업은 갈고, 초벌 '로타리'(흙을 잘게 부수어 평탄케 하는 트랙터 부착용 작업기. 정식 명칭은 로타베이터. 이 작업기를 달고 하는 작업을 '로타리 친다'고 한다), 두 벌 로타리까지 세 번을 들어가서 작업을 하는데 역시 한 마지기에 2만 원을 주었다. 우리 마을의 논은 다랑가지(면적이 작고 꼬불꼬불한 논)에 수렁(깊이 빠지는 논)이 많았다. 트랙터로 작업하기가 곤란한 논들이었다. 이런 논들은 소로 갈고 경운기로 로타리를 쳤다. 소 쟁기질은 동네 안수열 씨가 주로 했고 로타리는 내가 쳤다.

5월 초부터 6월 초까지 한 달 가까이 경운기 작업을 했다. 옆 마을까지 소문이 나서 원정을 다니기도 했다. 드럼통을 잘라서 만든 통바퀴를 달았다. 이 바퀴는 폭이 60센티 정도로 넓어서 수렁을 무사히 지날 수 있었다. 인근 10리(약 4킬로) 안에 있는 수렁논들은 모두 내가 작업을 해야 모를 심을 수 있었다.

나의 두 번째 농기계는 4조식 보행 이앙기였다. 아세아기계에서 만든 산파 이앙기였다. 산파는 흩어지게 씨앗을 뿌리는 방식이다. 내가 로타리를 친 논들은 내가 다 모를 심었다. 4조식 이앙기는 5년 동안 3대를 샀다. 그만큼 작업량이 많았다. 새로 산 기계가 고장 나면, 이전 기계에서 부품을 뜯어 붙이기도 했다. 이렇게 6월 중순까지 모를 심고 나면 3일 동안 밥만 먹고 내내 잠을 잤다.

1996년에 농기계 회사 대동에서 나온 35마력짜리 중고 트랙터를 100만 원을 주고 샀다. 더 이상 걸어 다니지 않아도 되었다. 이제는 수렁논뿐 아니라 밭도 내가 다 갈았다. 이때쯤 6조식 승용 이앙기가 나왔다. 금성농기계에서 만든 기계였다. 중고 승용 이앙기를 300만 원을 주고 샀다. 새것은 600만 원 정도 했다. 하루에 1,200평짜리 4필지를 심을 수 있었다. 계화들판에 있는 논까지 진출하여 봄 한철에 140필지 가량의 모를 심었다.

모 심는 삯은 6만 원에서 7만 원, 8만 원을 거쳐 10만 원까지 올라갔다. 1998년에 옆 동네인 계곡마을로 이사를 가면서, 55마력짜리 국제 트랙터를 농협 융자로 장만했다. 2,400만 원을 1년 거치 6년간 상환하는 조건이다. 처음 1년은 아무것도 갚지 않고 2년 차부터 6년 동안 기계 값을 갚는 방식이다. 이자는 2퍼센트였다. 해마다 원금 400만 원에 이자를 더해서 갚으면 된다. 목돈이 들어가지 않고 벌어서 갚을 수 있어서 좋았다.

이앙기도 대동 승용 6조식으로 새로 장만했다. 이앙기는 1톤 차에 싣고 다녔다. 이때도 여전히 기계가 귀한 시절이라 나의 기계들은 인기가 좋았다. 계곡마을과 노곡마을 전답은 모두 내가 갈고 로타리를 쳤다. 청호와 서당 마을에서도 일감이 들어왔다. 새벽 5시면 일을 나가서 밤 11시까지 작업을 하고 들어왔다. 졸립고 피곤했지만 그때는 젊었다. 55마력짜리 국제 트랙터는 나와 8년을 함께했다. 내가 농사의 기반을 잡는 가장 중요한 시간이었다.

이앙기는 3년 주기로 새로 장만했다. 작업량이 워낙 많아서 3년을 버티지 못했다. 고장도 잦았다. 처음 1년은 거의 고장이 없었지만 다음 해부터는 엔진이며 바퀴 할 것 없이 차례대로 고장이 났다. 수리는 농협 농기계 센터에서 한다. 농번기가 되면 농기계 센터도 매일 야간작업을 해야 할 정도로 고장 난 기계와 씨름을 했다. 최근에는 기계의 내구성이 좋아지고 사전 점검을 잘해서 농번기에도 야근하는 경우는 별로 없다.

이후 트랙터는 70마력짜리 국제 트랙터를 거쳐 지금의 대동 80마력으로 바뀌었다. 이앙기는 일본 제품 얀마 이앙기를 두 대 더 사서 작업을 하고 더는 사지 않았다. 농사가 많아지면서 수확 기계도 필요해졌다. 2007년에 국제 5조식 콤바인을 장만했다. 내 것과 주변 사람들 것까지 1년에 100필지 정도를 작업했다. 8년을 쓰고 국제 6조식으로 바꿨고, 7년을 함께하다 지금의 대동 6조식 콤바인에 자리를 내주었다.

기계 작업비도 꾸준히 올라서 현재 논 작업비는 한 필지(1,200평 6마지기)에 30만 원, 모심는 삯은 20만 원, 밭 작업은 한 마지기(200평)에 6만 원, 벼 베기는 한 필지에 30만 원을 받는다.

물꼬 보는 일을 제외하면 논농사의 100퍼센트가 기계 작업으로 이루어진다. 농기계의 단위로 '조' 혹은 '마력'을 쓰는데 '1조'는 한 번 작업할 때 벼 한 줄을 의미한다. '6조식' 이앙기나 콤바인은 한 번에 6줄을 작업한다는 얘기다. 현재는 8조까지 작업 가능한 기계가 개발되어 있다.

마력은 말 한 마리가 끄는 힘이란 뜻이다. 80마력이면 한 번에 말 80마리가 끄는 힘을 가진 기계라는 얘기다. 1마력은 한 사람의 힘으로 비교되기도 한다. 80마력의 트랙터가 갈고 가는 작업이면 사람 80명이

동시에 삽질하는 작업량이라 할 수 있다. 게다가 기름만 넣어 주면 지치지도 않는다.

지금의 농업에서 기계 없이 무엇인가를 한다는 것은 매우 어려운 일이다. 많은 기계들이 나와 함께했다. 어느 순간이 되면 작업하는 중에 기계와 내가 하나가 되는 느낌이 들고는 했다. 마치 영혼이 있는 존재 같은 느낌을 받기도 했다. 고마운 친구들이다.

2010년경에 농기계임대사업소라는 기관이 생겼다. 중소형 농기계나 트랙터 부착용 작업기를 임대해 주는 곳이다. 대부분의 농기계나 작업기는 1년에 단 며칠만을 사용한다. 그 작업기를 개인이 모두 장만하려면 돈이 많이 드는데 이런 기관이 있으니 유용하다.

오르기만 하는 임대료, 그리고 내 땅 한 평

진시황이 중국을 통일하고 나서 화폐, 마차 바퀴의 폭, 법률, 문자와 함께 통일한 것이 도량형이다. 도량형이란 무엇인가를 세는 단위이다. 길이, 넓이, 부피, 무게, 수량 등 단위가 통일되어 있지 못하면 모든 개발하는 것의 쓰임이 제한되며 의사소통도 불가능해진다. 무엇보다 국가 입장에서는 도량형이 통일되어야 적절하게 세금을 거두어

들일 수가 있다. 이렇게 한번 정해진 도량형의 단위는 쉽게 바뀌지 않는다. 지금 농촌에서 사용하는 도량형의 단위는 기본적으로 그 뿌리가 조선 시대까지 올라간다.

그런데 이 단위는 때로 사람들이 쓰기 편한 대로 뒤섞여 사용되기도 한다. 대표적인 경우가 '필지'이다. 원래 필지는 수량을 세는 단위이다. 즉 지번이 매겨진 토지의 가장 작은 단위를 일컫는 말이다. 따라서 1필지는 200평이 될 수도 있고 2,000평이 될 수도 있다. 그런데 부안에서 1필지는 규격화된 1,200평 논을 일컫는 단위로 사용된다. 이것은 경지 정리 작업과 관련이 있는데 부안군 하서면의 경지 정리 논은 1,200평이 한 필지로 구획되어 있다. 필지는 논 작업비나 임대료의 계산을 위한 기본 단위가 된다. '작업비가 한 필지에 10만 원이면 반 필지에는 5만 원이다'. 이 경우 필지는 면적의 단위로 사용된 것이다. 정확하게 말하면 '작업비가 1,200평 한 필지에 10만 원이면 600평은 5만 원이다'라고 해야 옳다. 1평은 가로세로가 각각 1.8미터이다.

면적의 단위로 서양에서 유래한 a(아르), ha(헥타르)도 많이 쓴다. 1아르는 1,000제곱미터(300평)이고, 10아르는 1헥타르(3,000평)이다.

논 임대료는 짝으로 계산한다. 1짝은 쌀 한 가마를 말한다. 쌀 한 가마는 80킬로그램으로 10말, 100되, 1,000홉과 같다. 초등학생 약 800명, 중학생 530명, 고등학생이나 성인은 400명이 한 번에 먹을 수 있는 양이다. 요즘은 쌀 소비량이 줄어 몇 명 더 먹을 수 있다. 2023년 쌀 한 가마니 가격은 20만 원이다. 2022년에는 18만 원이었다. 성인 한 끼 쌀값은 약 500원이다.

임대료는 30년 동안 꾸준하게 올랐다. 1990년대의 임대료는 경지정리 논 1,200평 1필지에 6~7짝이었다. 지금은 12~13짝이다. 2배 가까이 올랐다. 한 필지 쌀 생산량이 24짝 정도니, 절반이 임대료로 나가는 셈이다. 이 정도 임대료는 전국에서 가장 높은 수준이다. 역사적으로도 가장 높은 수준이라고 할 수 있다. 주로 3정(전정, 군정, 환곡)이 문란했던 조선시대 말이나 일제 말의 임대료가 이 수준이었다. 병작반수제라는 임대료 체계가 조선시대에도 있었다고는 한다. 그러니까 지주가 소작료를 수확량의 절반으로 매기는 방식이다. 그런데 이 경우에도 일소(밭 가는 소)와 거름은 지주가 부담했다고 하니 조선시대 가장 높았던 임대료보다 오히려 지금이 더 높은 셈이다.

이렇게 임대료가 높아진 원인은 임대 경쟁 때문인 것으로 추정된다. 이 지역에는 재촌지주가 많다. 재촌지주는 같은 동네에 살고 있는 지주를 말한다. 그러다 보니 임대 경쟁이 붙게 되면 더 높은 쪽으로 임대를 주는 식으로 임대료가 높아지게 된 것이다. 정부의 직접 지불금(직불금) 제도가 도입되면서 임대료는 더 많이 오르게 되었는데 그로 인해 경쟁이 더 치열해진 탓이다. 법적 상한선이 정해져 있지 않은 상태에서 경쟁이 치열해질수록 임대료는 더 오르게 된 것이다.

「농지법」에서 임대료는 딱히 정해진 것이 없고 당사자들이 알아서 하는 것이 기본이다. 다만 분쟁이 생겼을 경우 해당 지역 군수가 중재할 수 있도록 되어 있다.

우연한 기회에 전국 임대료 상황을 조사해 본 적이 있다. 경기도는 한 마지기당 반 짝, 충청도 1짝, 호남의 평야 지역 2짝, 호남 중산간 지역 1짝, 경상도 지역 1짝, 경상도 비닐하우스 지역 4짝 수준이었다.

많은 농업, 농민 문제들이 농민들의 투쟁으로 해결되었다. 하지만 임대료 문제만은 당사자 간에게 맡겨 두어 점점 더 오르기만 했다. 그런데 최근 귀농한 젊은 농민들이 이 문제를 제기하는 플래카드를 걸면서 지역 이슈가 되고 있다.

이렇듯 비싼 임대료 탓에 나 역시 마음에 든 멍이 컸다. 논 갈 시절이 찾아오면 얼마 안 되지만 고향에 있는 땅 생각에 남몰래 향수병을 앓기도 했다. 농사 지어 절반을 지주에게 주고, 농협에 기계 값, 기름 값 및 각종 외상값을 갚고 나면 주머니에 동전 몇 개가 남았다. 오히려 빚만 안 지면 다행이었다. 그리고 보니 10년 동안 속옷 한 장 사 입은 것이 없었다. 아껴서 살거나, 열심히 사는 것은 해답이 될 수 없었다. 그럴수록 임대료를 내지 않아도 되는 내 땅에 농사를 짓고 싶은 마음은 더 절박해졌다.

향수병과 임대료의 고통에서 벗어나는 길은 땅을 장만하는 것이었다. 그러던 차에 땅을 살 기회가 왔다. 처음으로 산 땅은 지금의 집터였다. 언젠가는 집을 지을 날이 있을 것이라는 생각에 은근히 집터를 물색하던 차에 석상리에 600평짜리 땅이 조용히 나왔다는 소식을 부동산에서 들었다. 땅 주인은 이 지역 최대 갑부였던 모씨의 둘째 부인인데 집안사람들 몰래 땅을 파느라 쉬쉬하면서 살 사람을 물색 중이었다. 1995년도에 평당 4만 원. 주머니를 털고 농협 빚을 얻어 그 땅을 샀다. 그 뒤 신기하게도 향수병이 사라졌다.

다음에 산 땅은 노곡마을 살 때 친하게 지내던 내동댁 땅이었다. 간척지에 있는 1,800평짜리 땅이었는데 당시 간척지 땅은 평당 2만 8,000~9,000원 하던 시절이다. 내동댁은 그 땅이 얼마나 좋은가를 혀가 닳게 내게 설명하고는 3만 3,000원씩을 달라고 하였다. 농어촌공사의 농지구입자금지원사업(지금은 농지은행)으로 평당 2만 5,000원씩을 장기 저리로 융자를 받고 나머지는 빚을 내어 샀다. 그리고 IMF 사태가 터졌다.

농촌의 IMF는 별것이 없었다. 별것이 있을 만큼의 뭐가 없었기 때문이다. 하지만 단 한 가지, 땅값이 떨어졌다. 평당 만 원 정도 땅값이 떨어진 것이다. 도시에 사는 자식이 부도가 나자 보낼 돈을 마련하느라 갑작스레 매물이 쏟아져 나온 까닭이다. 그 후로 IMF 사태가 잦아들 때까지 3년 동안 땅을 산 것에 대해 각시한테 지청구를 들어야 했다. 그 뒤에도 땅 얘기만 나오면, 잘못 산 땅에 대해 한참 잔소리를 들었다. 땅값 얘기는 사 올 때 빼고는 한 번도 타지 않은 채 화장실 옆에서 죽어 가던 중고 자전거 얘기로 이어졌다. 이어 몇 년, 몇 월, 몇 일 날

끄지 않고 나온 화장실 불 이야기를 거쳐, 양말을 뒤집어 벗어 놓은 것이 몇 번이라는 나의 구체적인 실책들을 두루 거치고서야 마무리되었다. 새만금 사업으로 그 지역 땅값이, 살 때보다는 더 올랐다는 사실이 확인되고 난 뒤에야 이 상황으로부터 빠져나올 수 있었다. 그 뒤로 농촌공사의 도움을 받아 가며 땅을 조금 더 샀다.

지금 이 지역의 땅값은 논은 평당 12만 원 내외이며 밭은 15만 원에서 25만 원 사이에 거래된다. 물가 변동만큼 가격이 올랐다.

농어촌공사는 전업농 제도를 만들어 농민에게 농지 구입을 지원해 주거나 임대를 알선해 주기도 한다. 청년 농업인들에게는 우선적으로 공사 소유의 농지를 저렴하게 임대해 주는 사업을 한다. 농어촌공사의 농지 사업은 토지 공개념이 어느 정도 반영된 것으로, 뜻이 있는 농업인에게는 매우 유용하고 농지 확보의 효과가 높은 사업이다.

태국이나 필리핀 같은 동남아 국가들은 어마어마한 토지가 단 몇 사람의 소유라고 한다. 농지 문제에 있어서만큼은 봉건시대나 다름없는 것이다. 아시아 국가 중 한국, 대만, 일본만이 농지 개혁을 통해 봉건적 농지 소유가 해체된 경험을 했다.

우리나라는 조봉암 선생이 초대 농림부 장관이던 1949년 유상몰수 유상분배의 방식으로 농지 개혁이 이루어졌다. 당시 몰수 가격이 1년 6개월간 거둔 해당 농지의 농산물 가격이었고 분배 가격은 그 돈을 5년간 나누어 내는 것으로, 무상몰수 무상분배에는 미치지 못했지만 대단히 개혁적인 것이었다. 이러한 농지 개혁이 한국 경제가 빠르게 성장하는 과정에서 기본적인 자본 축적을 하게 했다고 보는 견해도 있다.

「농지법」에서 농지의 소유는 '경자유전(농사짓는 사람이 소유하도록)'을 원칙으로 하고 있다. 하지만 관리가 허술해진 틈을 타 농지에 투기 자본이 끼어들어 땅값이 요동을 쳤다. 이것이 정치적으로 문제가 되어 「농지법」을 엄격하게 적용하게 되자 땅값이 떨어지는 상황이 발생하였다. 환영할 일이다. 농지는 농사짓는 자가 소유토록 하는 것이 옳다. 그래야 농사를 짓고자 하는 사람들이 적은 부담으로 농지를 살 수 있을 것 아닌가.

농사지어 살 만한가?

1년 농사를 지으면 어느 정도의 소득을 기대할 수 있을까? 농사지어 먹고살 만한가?

나는 한때 20헥타르 정도의 논농사를 짓기도 했지만 현재는 1,200평짜리 논 17필지에 벼를, 밭 30마지기에 밀과 콩을, 양파 5,400평, 대파 1,000평, 마늘 1,000평, 감자 1,600평을 유기농으로 농사짓고 있다. 벼는 혼자, 밭은 세 명이 함께 짓는다. 계산은 어렵다. 다만 손해 없이 농사짓는 것에 감사할 따름이다.

농촌에서의 소득은 세 가지로 구분된다. 농업 소득, 농업외 소득, 이전 소득이다. 농업 소득은 농사를 지어 번 돈이다. 이것은 조수익과 순수익으로 나뉜다. 조수익은 농산물을 팔아서 번 돈이다. 순수익은 조수익에서 비용을 뺀 돈이다. 농업외 소득이란 농산물 판매 이외에 발생하는 수익으로 농사를 지으면서 부분 취업으로 받은 월급 등이다. 이전 소득은 도시의 아들이나 딸 들이 보내 준 용돈이나 직불금 등이다. 비용은 임대료, 인건비, 비료 값, 농약 값, 묘목 구입비 같은 것들이다.

농사를 짓던 초기에는 농사 규모가 작아서 농업 소득이 별로 없었다. 그래서 벼 베기가 끝나면 돈을 벌 수 있는 다른 일을 찾아 했다. 농사로는 남는 것이 없었다. 정미소에서 벼 가마를 나르고, 소먹이용 볏짚을 5톤 차에 실어 주는 일도 했다. 한 달에 100만 원 정도 벌었다. 농기계를 한창 부릴 때는 1년에 2,000만 원을 기계로 벌기도 했다. 기계 값과 기름 값을 빼면 1,000만 원 정도가 남았다. 이때는 농업외 소득이 많았다.

벼농사 규모가 커지면서 농업 수익도 늘어났다. 임대료와 비료 값 등을 제외하면 순수익이 1,200평 한 필지에 100만 원 정도 남았다. 많을 때는 40필지 정도 벼농사를 지었다. 직불제가 실시되고 나서부터 1년에 2,000~3,000만 원씩의 추가 수익이 생겼다. 가장 전성기에는 1년 매출이 2억 원, 이전 소득을 포함해서 수익이 1억 원쯤 된 때도 있었다. 바빴다. 5개 면에 걸쳐 있는 논들은 물꼬 보는 데만 서너 시간이 걸렸다.

5월 중순을 넘어가면 새벽 두 시에 일어나 물꼬를 보고 밤 열 시까지 들에서 일을 하고 돌아오는 날들이 6월 중순까지 이어졌다.

농사의 규모가 커진다고 소득이 마냥 늘어나는 것은 아니다. 벼농사의 경우 한 사람이 최적의 효율을 내어 소득을 올릴 수 있는 규모는 12헥타르라는 연구 결과도 있다. 내 경험으로도 그 정도가 적절해 보인다.

밭농사의 소득은 기술과 연관되어 있다. 밭농사는 논농사에 비해 임대료는 낮지만 인건비와 비료 값이 5~10배 이상 더 들어가는 노동집약적 농업이다. 따라서 수확량이 적거나 품질이 떨어질 경우 손해를 보기 쉽다. 하지만 확고한 기술적 자신감이 있다면 밭농사는 매우 매력적인 농사이다. 참깨를 100평 심어서 150만 원을 벌기도 했고 감자를 1,000평 심어서 1,000만 원을 벌기도 했다. 그러면!

농사지어 살 만한가?

나의 결론은 살 만하다!

충전의 시간

겨울에 잘 놀아야 여름철 농사일도 신명이 난다. 겨울에 노는 것 중에 최고는 굿이다.

농촌에 살게 되면서 가장 매력적이었던 것은 굿을 배우는 일이었다. 이 동네에선 풍물놀이를 굿이라 한다. 1994년 겨울 처음으로 들어간 풍물학교는 이때껏 내가 살아 보지 못한 세상이었다. 쇠, 장고, 징이 어우러지는 환상의 타악기 리듬은 나를 아무 생각이 없는 무아의 세계로 이끌었다.

그렇게 열흘 동안 풍물을 배웠다. 나는 쇠(꽹가리)를 쳤는데 아무리 해도 휘모리 칠 때의 손목 리듬이 나오지 않아, 쉬는 시간이면 교실 뒷편에 있는 묏동(묘지)에서 독공(혼자 연습하기)을 했다. 그렇게 며칠이 지나니 손목에 살살 탄력이 붙기 시작하더니 '갠지 갠지 갠지 갠지' 휘모리가 리듬을 타기 시작했다.

신비로운 경험이었다. 아무리 오래 두들겨도 피곤하지 않는 무한궤도였다. 그렇게 얼마를 두들겼을까? 눈이 소복이 쌓인 묏동에 쇠를 내려 놓으니 치이익~ 하면서 눈이 녹아내리는 것이었다. (그런 느낌이었다. 나중에 다시 해 보았는데 아무리 쇠를 두드려도 열을 내지는 않았다.)

풍물강습장은 재실이었다. 재실이란 문중 제사를 드리는 집인데 이곳에는 재실지기가 있었다. 팔순을 바라보는 노인이었다. 연습 시간에는 마당에 서서 한참 동안을 이윽한 눈으로 안을 바라보곤 했다.

그러던 어느 날 오후 쉬는 시간이 끝나 갈 무렵 노인이 장고를 메고 사부님께 굿을 청하였다.

"나도 한때 굿을 좀 놀던 사람인데 자네들 굿 소리에 예전의 흥이 살아나네 그려. 한번 어울려 보세."

　그렇게 시작된 사부님과 재실지기의 굿판에 모두들 호기심 어린 표
정으로 빠져들어 갔다. 길굿에서 채굿으로, 휘모리로 이어지는 굿 가
락이 좌중의 숨소리를 멎게 만들 무렵, 노인의 손은 장고 채를 버리고
허공을 젓기 시작했다. 어느새 사부의 쟁쟁한 쇳가락과 노인의 손짓은
한데 어우러져 노인의 묘한 신음소리와 함께 방 안을 터질 듯한 긴장
으로 채우고 있었다. 노인의 눈에선 눈물이 흘러내렸다. 굿이 끝나고
노인의 사연을 들어 본즉 이러했다.

　젊은 날 그 동네 보안면 월천에 이름난 굿패가 있었고 노인은 설장
고였다. 상쇠와 설장고가 어우러지는 굿판은 봄날 흐드러지는 벚꽃 잔
치와 같았다. 상쇠가 제명에 못 살고 일찍 세상을 떠났다. 이후로 노인
은 다시는 장고를 메지 않았다. 그런 노인이 이제는 백발이 되어 열흘
넘게 하루 종일 울리는 풍물 소리를 들으니 문득 필생의 기운을 끌어
올려 마지막 굿판을 놓고 싶었던 것이다. 오랜 시간이 지났어도 또렷
하게 기억나는 대목이다.

　그렇게 나의 풍물이 시작되었다. 농한기에는 이 마을 저 마을 풍물
강습이 열렸다. 설이 지나면 위도 띠뱃놀이에 참여해 2~3일 동안 섬에
서 굿을 놀고, 정월 대보름에는 아침부터 서너 마을을 돌아다니며 풍
년을 기원했다. 농민회 회원들의 집들이 굿도 빠지지 않고 다녔다. 여
름에는 동진강 뚝방이나 물 빠진 개암 저수지 가운데에서 밤 깊은 줄

모르고 굿을 놀았다.

그렇게 10여 년이 지난 2009년 1월 초엿새는 절기로 소한이었다. 농사지은 지 16년 만에 집을 지었고 이사를 겨울에 하게 되어 집들이 날짜를 잡기가 여간 어렵지 않았다. 궁리 끝에 택한 날이 소한이었다. 한겨울 중 가장 추운 날이지만 제가 추우면 얼마나 춥겠냐며 젊은 호기를 부린 것이다.

아뿔싸, 그렇게 잡은 날이 정말 최악의 날이 되어 버렸다. 새벽부터 쌓인 눈이 무릎까지 덮었고 영하 10도까지 내려가는 강추위가 북풍과 함께 몰아쳤다. 집들이 굿을 놀기 위해 각처에서 굿패들이 오기로 작정이 되어 있었는데 다 글렀다 싶었다. 짧은 겨울날 한 치 앞을 분간 못하게 눈이 내리는 날 오후 3시가 넘어가자 벌써 어둑어둑해졌다.

그런데 쏟아지는 눈발 속에 사라져 버린 길을 뚫고, 굿패들이 하나둘 모여들었다. 오던 중간에 차를 버리고 30리 길을 걸어온 이도 있고, 어찌어찌 동네 어귀까지 밀고 오다 대충 박아 놓고는 기물을 둘러메고 들어온 이도 있었다.

그렇게 동네 이웃들과 전에 살던 동네 분들까지 집에 수두룩 빼곡 모이자 이윽고 굿판이 벌어졌다. 눈발을 밀어 올리며 황댓불(검불, 볏짚, 나무토막 등을 얼기설기 쌓아 마당에 피운 불-강원도 사투리)이 타오르고 뿌연 눈안개 사이로 징 소리가 울려 나갔다. 제법 격식을 갖추어 '아따 그 물맛 좋구나 아들 낳고 딸 낳고 미역국에 밥말세~' 샘굿(마을의 공동 우물에 물이 잘 나오라고 치성을 드리는 일), 철룡굿(장독에 축원을 드리는 굿), 조왕굿(부엌을 담당하는 조왕에게 정성을 드리는 굿)을 놀고, 하얀 눈밭을 꾹꾹 눌러 가며 지신을 밟고 돌아갔다.

잊지 못할 집들이었으나 일을 추리는 모든 이들이 적잖이 고생을 했다. 웬만하면 절기는 거스르지 말아야겠다 깊게 마음먹었다.

월천 노인을 비롯하여 굿패 여럿이 세상을 떠났고, 너무 바쁘게 살고 있는지 꽹과리를 손에 잡지 못한 지 10년이 되어 간다. 철모르던 새내기 농사꾼으로, 아무리 해도 안 되는 농사를 붙잡고 씨름하던 시절, 굿은 나의 정신세계를 재구성하는 절절한 모티브였다. 다시 오려나~. 혹은 나도 월천 노인처럼 더 나이가 든 어느 날 우연한 굿판에 들어, 돌지 않는 팔을 휘적일지 모른다.

가지가지 농업 보조금,
왜 생겼을까?

궁금해요

내가 농사를 시작한 1994년으로부터 30년이 지난 지금 한국 농업은 많이 변했다. 밀을 필두로 모든 농산물이 개방되었다. 이에 대응하는 농민들의 투쟁도 험난했다. 농산물 개방과 농민 투쟁의 결과는 농업 경쟁력 확보와 농가 소득 보전의 문제로 귀결되었다. 농업 경쟁력 확보는 농산물 가격에 직접적인 영향을 주지 않는 요소들(기반시설, 장비)에 대한 보조금 지원으로, 농가 소득 보전은 직접 지불금을 통해 실현되었다.

농업의 수익률은 평균 4퍼센트이다. 1억을 투자하면 400만 원을 번다는 얘기다. 농사는 일 년에 많아야 두 번 지을 수 있다. 대부분은 한 번에 그친다. 이런 낮은 수익률과 자본 회전율 탓에 많은 돈이 들어가는 창고나 기반 시설을 갖추고 농사를 짓는 것이 불가능하다. 기반 시설이 풍부할수록 각종 비용이 줄어 국가적으로 농산물 가격을 저렴하게 유지할 수 있다. 그러므로 농업 기반 시설은 공공의 것이기도 하다. 이것이 농업 관련 보조금 지원의 논리적 근거이다.

농업 보조금은 김영삼 정부 시절부터 본격적으로 지원되기 시작했다. 작은 농기계를 반값으로 공급한 것이 대표적이다. 경운기나 이앙기 등 작은 농기계

가격을 정부에서 50퍼센트 지원하는 방식이다. 보다 큰 농기계는 복합영농회사 같은 농업 법인에게 지원하였다. 「농업·농촌 기본법」이 만들어지면서 생산 부문에 대한 지원은 영농조합법인으로, 유통에 대한 지원은 농업회사법인으로 하는 보조금 지원 정책의 기본 구조가 마련되었다. 지금 현재도 대부분의 농업 보조금은 이 두 농업 관련 법인 조직을 통해 집행된다.

처음 기계에 대한 지원으로 시작된 보조금 사업은 보다 범위를 확대하여 농업 관련 시설 전반으로 확대되었다. 농산물 저장 창고와 각종 장비나 건조를 위한 시설 장치 등도 작게는 50퍼센트에서 많게는 90퍼센트까지 보조금을 준다. 물론 10~50퍼센트는 법인이 자체적으로 부담해야 한다. 농촌진흥청이 주관하는 각종 시범 사업은 100퍼센트 보조금으로 집행된다.

사업의 추진 방식도 현장의 필요를 우선으로 한다. 정해진 메뉴가 있는 것이 아니라 일정한 사업의 범위 안에서 현장에서 필요한 다양한 사업을 계획하여 공모와 심사를 거쳐 집행되는 상향식 구조를 가지고 있다.

매년 2~3월에 농림사업 지침이 공개되고 4~5월까지 신청을 받는다. 8~9월까지 심사를 거쳐 사업이 결정되면 9~11월에 예산을 편성하여 다음 해에 집행하고 정산하는 과정을 거쳐 사업이 완료된다.

이렇듯 농업에 대한 보조금 지원 사업은 최소 2년, 길면 3~4년의 시간이 걸리므로 사업 중간에 상황이 변하기도 하고, 필요가 바뀌기도 한다. 그러니 계획을 수립할 때 심사숙고해야 한다. 사업을 추진하는 조직이 건실해야 하고 조직의 리더가 청렴해야 함은 두말할 나위가 없다. 어떤 사업이든 부실한 조직과 사심을 가진 리더가 추진한다면 좋은 결과를 가져올 수 없다.

직접 지불금(직불금)은 개별 농가의 소득을 지원하는 제도이다. 이미 유럽과 미국 등 선진국에서는 일반화되어 있는 농가 소득 보전 정책이다. 통계적으로 농민의 연 소득은 도시 노동자의 60~70퍼센트 수준이다. 이 소득 격차의 일부를 보전함으로써 농민의 급격한 도시 이주를 막고 농촌의 형상을 유지하며 아름다운 경관, 맑은 공기, 홍수 방지 등 농업의 공익적 기능에 대해 보상하는 것을 논리적 근거로 삼고 있다.

직불금은 노무현 정부 때 논 농업 직불금으로 시작되었다. 논 면적당 80~100만 원 정도를 고정적으로 주는 고정형 직불금과 5년 주기로 쌀의 목표 가격을 설정하고 시세와의 차익 중 고정형 직불금을 뺀 금액의 85퍼센트를 지급하는 변동형 직불금으로 지급하는 이중 구조였다.

농민들이 안심하고 농사에 전념하도록 하자는 당초 취지에 비해 직불금이 대농에게 지나치게 집중되고, 쌀 소비량이 줄어들고 있음에도 농민들은 벼농사에 쏠리는 등의 부작용이 문제가 되어 문재인 정부 시절 공익형 직불제로 개편되었다.

공익형 직불제는 직불금의 단가를 농지의 성격에 따라 헥타르당 100~205만 원까지 설정하고 논뿐만 아니라 밭에도 적용하며, 농약 사용 기준 엄수, 관련 교육 이수, 마을 공동작업 참여 등 공익적 활동을 지급 조건으로 하고 있다.

이외에도 가격에 영향을 주지 않는 범위에서 지급되는 보상형 직불금이 있다. 경관 보전 직불금이나 친환경 직불금이 그것이다. 경관 보전 직불금은 겨울에서 5월까지 농촌 들판에 푸르고 꽃이 활짝 피어 있는 아름다운 경관을 연출함으로써 국민을 행복하게 한 기여에 대한 보상이다. 심은 작물에 따라 차등이 있는데 아름다운 꽃이 피는 유채나 헤어리베치, 자운영을 심을 경우는 헥타르당 180만 원을 준다.

친환경 직불금은 화학 비료와 농약을 사용하지 않음으로써 자연에 대한 환경 부하를 줄인 것에 대한 보상이다. 인증 단계 및 재배 작물에 따라 100~150만 원이 적용된다. 유기농 벼 재배는 106만 원, 무농약 채소는 122만 원, 유기농 채소는 140만 원이다.

이외에 밀, 보리, 소 먹이용 조사료 재배 등 동계 작물 직불금이 있다. 겨울철에 작물을 재배하여 탄소를 흡수해 지구 온난화를 방지하는 것에 대한 보상 성격으로, 헥타르당 50만 원이다.

우크라이나 전쟁의 여파로 식량 안보에 대한 우려가 높아지면서 식량 자급에 기여하며 쌀의 과잉 생산을 억제할 목적으로 대체작물을 심을 경우에 지급하는 전략작물 직불금 제도가 새로 만들어졌다. 밀이나 조사료를 겨울에, 콩이나 가루쌀을 여름에 심을 경우 헥타르당 100~200만 원을 지급한다.

이러한 직불금들은 작물 재배상 불가능한 경우를 제외하면 중복이 허용된다. 친환경 인증을 받은 농업 진흥 지역 내의 1헥타르의 논에, 겨울에 밀을 심고, 여름에 콩을 심을 경우 이 논에는 공익형 직불금, 친환경 직불금, 경관 보전 직불금, 전략작물 직불금이 모두 해당된다. 모두 합하면 600만 원이 조금 넘는다. 물론 농산물을 판매하여 얻은 소득은 본인의 몫이다.

하지만 이 모든 조건을 충족하는 농사를 짓는 것은 쉬운 일이 아니다. 모두 각각 해당하는 단지에 소속되어야 하며 단지에 소속되기 위한 조건도 까다롭기 때문이다.

직불금은 농업소득의 20퍼센트, 순소득의 40퍼센트를 차지할 만큼 농가 소득에 직접적인 영향을 미친다. 어찌 보면 직불금을 포함한 농업 보조금이 많은 것처럼 보이기도 한다. 하지만 전체적인 규모로 보면 우리나라와 국민 소득이 비슷한 나라에 비해 그리 많은 것은 아니며, 소득의 80퍼센트가 직불금으로 채워지는 선진국에 비하면 적은 수준이기도 하다. 직불금과 관계없이 농민 수가 계속 줄어드는 것을 보면 여전히 농업의 경쟁력이 낮은 것도 사실이다. 큰 숙제다.

함께
일하기

2

"누구누구는 새벽에 비료를 뿌린다더라."는 수군거림이
함성처럼 들려왔다. 두루 무리 없이 뭉수리하게 잘되는 일은
없다는 것을, 그런 일은 내 마음에 담고 가면 된다는
택도 없는 너그러움이 결국 큰 사고로 이어진다는 것을,
아프게 확인했다.
고름은 살이 되지 않는다. 독하게 마음을 먹고
고름을 짜기로 다짐했다.

협동 생산 조직을 만들자

　　농사를 짓기로 마음을 먹고 했던 공부가 협동 운동에 관해서
였다. 『몬드라곤에서 배우자』라는 책을 원고 상태로 읽고 공부를 했다.
영국의 협동조합운동을 비롯해 다양한 협동 운동의 역사를 공부했다.
정착 초기에 이런 배움을 현실에서 적용해 보리라는 꿈으로 부풀어 있
기도 했다. 그런데 이런 희망은 낯선 현실 앞에서 뒤로 밀려 나갔다.

　1993년에 문민정부가 들어서고 김성훈 농림부 장관의 주도로 「농
업·농촌 기본법」이 만들어지고 위탁 영농회사나 영농조합 법인에 대
한 각종 지원 정책이 쏟아져 나오던 때였다. 「농업·농촌 기본법」의 제
정은 우리나라 농업정책의 역사에서 매우 중요한 사건이다. 영세 소농
중심의 농업 구조에서 여럿이 힘을 모아 규모를 키워 수입 개방의 파

고를 막아 보자는 뜻이 담겨 있었다. 이후 지금까지 대부분의 농촌 지원정책이 이 법을 근거로 실시되고 있기도 하다. 문민정부의 업적이기도 하지만, 민주화 운동의 성과이자 농민 운동의 성과이기도 했다.

하지만 이런 정책들을 활용해서 대안적인 농사를 준비해 보자는 나의 제안에는 힘이 실리지 못했다. 농민 운동을 하며 가까워진 분들도 협동으로 무엇을 해 보자는 데에는 선뜻 동의하지 않았다. 주변에서 들리는 이야기도 별로 긍정적이지 않았다. 어찌어찌하다가 망했다는 이야기도 있었다. 정부의 지원을 악용하는 사례들이 끊임없이 회자되었다. 안타까운 현실이었다. 하지만 꾸준히 자료를 모으고 함께 농사 짓는 조직을 만들어 보자고 주변 분들을 설득하는 일을 그만두지 않았다. 틈만 나면 협동에 대해 토론하고 협동으로 함께 할 수 있는 농사에 대해 이야기했다.

그렇게 10년이 지났을 때 쌀 작목반을 만들 수 있었다. 뉴밀레니엄이 시작되던 2000년이었다. 17명 회원이 18헥타르 논에 밥맛 좋은 벼를 심기로 뜻을 모았다. 농업의 미래를 열자는 뜻으로 '미래작목반'이라는 이름을 지었다. 밥맛도 밥맛이지만, 환경을 생각하고 먹는 이의 건강을 생각하는 농사를 짓자는 데에도 뜻을 모았다. 처음 30톤의 쌀을 생산하여 겁도 없이 이마트를 찾아가 팔아 보겠다고 달려들었던 기억은 지금도 생생하다.

지인을 통해 서울 성수동에 있는 이마트 구매 담당과 시간 약속을 하고, 회원 3명이 쌀을 들고 새벽 기차를 타고 도착한 것이 아침 9시였다. 하지만 약속은 한두 시간씩 미루어졌다. 그러기를 서너 차례, 어느새 오후 5시가 다 되었다. 다시 한 차례 연기 끝에 저녁 7시가 되어서야 담당을 만날 수 있었다. 하지만 10시간을 기다려 만난 자리는 1분이 채 안 되어 싱겁게 끝나고 말았다.

"이 쌀은 고시히까리라는 품종으로 밥맛이 좋은……,"

"양이 얼마나 되나요?"

"예. 올해 생산량이 30톤 정도 됩니다."

"우리 마트가 한 달에 쓰는 양이 400톤입니다. 1년은 공급할 수 있어야 계약이 가능합니다."

끝.

'그럴 거면 진작 말하지, 10시간이나 기다렸는데…….'

치밀어 오르는 굴욕감과 허탈감은 상대방의 사무적이고 단호한 결론 앞에 맥을 못 추고 말았다. 내려오는 내내 '이게 보통 일이 아니구나.' 하는 막막한 두려움에 시달렸다. 하지만 우리는 젊었다. 어렵사리 전주에 있는 하나로마트에 소개를 받아 0.5제곱미터의 매대를 할당받고 주말마다 회원들이 홍보 활동을 하며 쌀을 팔았다. 가래떡과 김을 가지고 가서 소비자들에게 나누어 주며 쌀을 팔았다. 가래떡과 김의 효과는 놀라워서 한번 먹어 본 사람들은 "아직 쌀 안 사도 되는데……." 하면서도 한 포씩 사 가곤 했다.

그렇게 조금씩 자리를 넓혀 갔다. 우렁이를 이용한 제초 방법을 도입하여 친환경 농법에 접근해 나갔다. 2003년도까지 5개의 마을 작목반이 만들어지고 초기의 미래작목반도 '미래작목회'로 규모가 커졌다. 재배 면적도 100헥타르까지 늘어났다. 다소 자신감이 생겼다. 민주적 의사 결정과 공동의 규약을 토대로 수익과 비용이 공동으로 계산되는 생산 조직을 만들어 보자는 뜻을 회의 때마다 강조하며 의지를 모았다.

이러한 힘을 모아 2004년에 12명의 발기인이 500만 원씩을 출자하여 자본금 6,000만 원의 영농법인이 설립되었다. 친환경 벼 전문 생산법인을 표방한 '미래영농법인'이 만들어졌다. 1,200평 땅도 구입했다. '친환경 농업지구 조성사업'이라는 정책 사업을 추진하여 창고와 건조 시설, 퇴비 생산 시설 등 협동농사를 추진할 수 있는 기반도 갖추었다. 생산된 쌀은 한겨레신문사가 만든 '초록마을'이라는 업체와 아이쿱생협에 판매하였다. 과천에 사는 지인을 통해 어린이집과 학부모들에게도 한 달에 한 번씩 쌀을 싣고 올라가 판매하였다.

쌀 포장지도 제작하고 홈페이지도 만들어 인터넷 판매도 했다. 농산물품질관리원에서 친환경 인증도 받았다. 재배 면적도 꾸준히 늘어나 2007년에는 300헥타르에 이르렀다. 생산량도 1,800톤에 달했다. 고생도 많았지만 보람이 있었다. 협동을 통해 생산 방식을 통일하고 판로를 개척하여 공동으로 계산함으로써 규모의 한계를 극복하자는 영농조합법인의 취지와 협동 운동으로 새로운 농촌의 모습을 그려 보자는 기대와 희망이 한껏 무르익어 갔다.

그 무렵 대형마트에서 입점을 제의하는 연락이 오기도 했다. 나는 다소 단호하고 사무적으로 "죄송합니다만 이미 계약이 다 되어서요." 하고 대답해 주었다. 지난날 기차를 타고 내려오며 느꼈던 모멸감과 절망이 사라지는 순간이었다. 이제 고생은 끝나고 그렇게 모든 것이 순조로울 줄 알았다.

친환경 농업을 향하여

우리는 친환경 농업을 선택했다. '농사가 사람을 살리는 것을 목적으로 하는 일이라면 그 과정도 살리는 방식이어야지 죽이는 방식은 아니다.'는 것이었다.

2000년, 이 무렵은 우리 농업에서 비료와 농약을 가장 많이 사용하던 시기였다. 못자리에 흙이 보이지 않게 볍씨를 많이 뿌려서 가늘게 기르고, 모를 좁디좁게 최대한 많이 심는 것으로부터 관행 농업 방식의 벼농사가 시작된다.

이렇게 심은 벼는 어릴 적부터 병해충에 걸리기 쉬워서 6월 중순부터 보름 간격으로 4~5차례에 걸쳐 독하게 농약을 친다. 보통 6월 25일경을 1화기, 8월 15일경을 2화기라고 하여 벌레가 주로 발생하는 시기에 집중적인 방제를 한다. 문고병, 도열병, 깨씨무늬병, 백엽고병뿐 아니라 이화명충, 혹명나방, 벼멸구 등 크고 작은 생물들이 벼를 갉아 먹는다. 이 중 집중 번성하는 병충해가 발생하면 농약을 사용하는 횟수는 더 늘어난다. 때로 농약을 치다가 쓰러지는 농민들도 생긴다.

이런 방식에 문제를 제기하고 화학 농약과 화학 비료를 사용하지 않는 농법을 친환경 농업이라고 한다. 다행히도 변산면에 이런 농사를 짓는 분들이 있었다. 이분들은 이미 1980년대부터 친환경 농사를 지어 오고 있었다. 유기농 쌀과 채소, 유정란을 키워 전주에 있는 한울생협이라는 지역 생협과 직거래를 하였다. 온 집안 식구가 일 년 내내 논밭에서 풀매고 벌레 잡고 하느라 고생이 많았지만 형님들의 유기 농업에 대한 자부심은 대단하여서 한 번씩 변산에 놀러 가면 딴 세상에 온 듯한 느낌이 들고는 했다. 나는 변산 형님들을 통해 친환경 농업의 원리와 방법 들을 배웠다. 한국유기농협회에서 개최하는 교육을 다니기도 했다.

작목반 회원들을 설득하여 친환경 농사로 방향을 돌리기로 뜻을 모았다. 친환경 농사의 가장 큰 걱정거리는 풀이었다. 논이나 밭이나 풀매기는 가장 큰 일이었다. 그러던 1990년대 중반 왕우렁이를 이용한 제초 방법이 도입되면서 친환경 벼농사는 전환점을 맞이하게 된다. 처음에는 크기와 수량, 물 관리 요령을 몰라 더러 실패하기도 했지만 우렁이를 이용한 제초 기술은 화학 제초제를 사용하는 것 이상으로 놀라운 효과를 냈다.

이것을 계기로 유기농 벼농사는 매우 빠른 속도로 퍼져 나가게 된다. 하지만 여전히 제초 이외의 방법들은 터득이 쉽지 않았다. 못자리에서부터 들끓는 병충해를 견디지 못하고 실패하기 일쑤였다. 모를 심어 놓으면 물바구미부터 시작하여 가을철 멸구와 도열병 등 온갖 병해충이 달려들어 작살을 내었다. 이런 악순환은 모든 것을 줄이면서부터 없어지기 시작했다. 볍씨의 양을 줄여서 모와 모 사이를 넓게 하여 강하게 키우고, 심는 간격을 최대한 넓혀서 문고병이 안 걸리도록 하면서부터 병충해 발생이 눈에 띄게 줄어들었다. 교육도 열심히 받았다. 홍성에서 오리농법을 하는 주형로 씨를 비롯하여 여러분이 다녀가셨다. 기술도 점점 좋아졌다.

친환경인증제도는 국립농산물품질관리원(농관원)에서 관리한다. 지금은 민간 인증기관이 인증의 모든 과정을 관리 감독하지만 2010년대 초까지 농관원이 인증 심사를 했고 인증서도 발급했다. 인증의 단계는 저농약, 무농약, 유기농의 3단계가 있었는데 지금은 저농약은 없어지고 무농약과 유기농 인증 두 가지가 있다. 무농약에는 화학 비료를 관행의 3분의 1가량 쓸 수 있도록 허용된다. 하지만 우리는 무농약 단계에서도 화학 비료를 사용하지 않았다. 그러면 3년 만에 유기농 단계로 전환할 수 있다.

이때는 환경과 건강에 대한 관심이 높아지면서 친환경 농업 육성 정책이 대대적으로 벌어지던 시절이었다. 그런데 인근에서 살포하는 농약으로부터 안전하려면 단지를 조성하는 것이 필요했다. 단지를 조성하는 조건으로 친환경 재배에 사용되는 자재를 지원해 주는 정책이 실시되었다. 가급적 단지로 묶인 농가들을 최대한 참여시키는 것이 중요했다. 하지만 수십 년 동안 비료, 농약을 사용하는 농사법을 귀에 딱지가 앉도록 교육받아 온 농부들이 친환경 농사로 바꾼다는 것은 결코 쉬운 일이 아니었다. 눈앞에서 발생하는 병충해를 보며 화학 농약 사용의 유혹을 이겨 낼 농부는 별로 많지 않았다. 나는 이 사실을 잘 알지 못했다.

사고, 그리고 불면의 날들

나는 아직도 그날을 잊지 못한다. 2008년 10월 28일 오후 2시. 부산시 농산물품질관리원(농관원)에서 전화가 왔다. 쌀 출하에 관한 대략의 질문이 있었고, 그리 큰일이 아니니 걱정은 말라는 인사로 마무리를 했다. 그렇게 별일이 없는 줄 알았다. 그런데 다음 날 다시 전화가 왔다. 소비자가 민원을 제기했는데 잔류 농약 검사를 할 테니 동의해 달라는 거였다. 이미 뜯겨진 상태라서 신뢰할 수 없다고 하자 그러면 그 비슷한 시기에 판매된 쌀을 매장에서 수거하여 분석한다길래 그러라고 동의하고 전화를 끊었다.

일주일쯤 지났을까, 이제는 익숙한 부산 지역번호의 전화가 울렸다. 문제가 생겼다는 것이다. 쌀에서 농약이 검출되었으니 조사를 해야겠다고 했다. 가슴이 철렁 내려앉았다. 수확철이라 1,800톤 벼가 쌓여 있는 마당에 인증이 잘못되면 전체 판매에 큰 차질이 생기는 일이다. 엎친 데 덮친 격으로 농관원의 미온적이고 불친절한 일처리에 불만을 품은 소비자가 농관원 직원의 태도를 문제 삼아 청와대 직소 민원실에 민원을 제기한 것이다.

이명박 정권 1년 차에 지금의 '국민신문고'와 같은 직소 민원실의 힘은 대단했다. 청와대는 농림부로, 농림부는 농관원 본원으로 직접 조사를 지시했고 상급 기관부터 부안 농관원까지 돌아가면서 조사가 내려왔다. 판매된 쌀뿐 아니라 수매한 벼 전체를 대상으로 조사가 이루어졌다. 처음에는 별일 아니던 것이 최악의 상황으로 치닫고 말았다. 더구나 수매한 벼에서도 몇 점의 잔류 농약이 검출되자 인증 취소에, 판매 중단에, 매일 같이 가슴이 철렁거리는 사건들이 꼬리를 물었다. 예상되는 손실도 엄청났다. 하필이면 가장 규모가 커졌을 때 이런 일이 생길 줄이야. 절망적이었다.

사고를 수습하느라 정신이 없는 사이에 지나가는 줄도 모르게 연말이 지나고 새해가 왔다. 몇 단지의 인증이 취소되고 판매된 쌀에 대해서는 손실을 최소화하는 수준에서 일이 마무리되어 갈 무렵, 법인 내부에서 묘한 분위기가 생겨나기 시작했다. 누군가 책임을 져야 하지 않겠느냐는 질문이 던져진 것이다. 최악의 위기 상황이 닥치자 몇 년 동안 쌓아 온 신뢰도 소용이 없었다. 딱히 내용이 있는 것도 아닌데 의심이 은근히 뿌리내리고 기분 나쁜 균열이 조직을 파고들기 시작했다. 회의는 건조했고 임원들은 별일 아닌 것에도 화를 내며 예민한 반응을 보였다. 잠이 오지 않기 시작한 것이 이때부터였다.

잠깐 졸음이 오고 밤새도록 말똥말똥한 상태가 새벽까지 이어졌다. 억울함도 두려움도 아닌 절망의 끝을 향해 달려가는 감정의 자락을 통제할 수 없었다. 한번 붕괴된 멘탈은 쉽게 회복되지 않았다. 사업하다가 망해 본 친구들을 만나 자문을 구하기도 했다. 이미 상황은 모두 수습되었는데도 4월이 지나서까지 불면의 밤은 계속되었다. 알 수 없는 팽팽한 긴장이 깨어 있는 내내 사람을 괴롭혔다.

무엇이 문제였을까? 꼬리를 물고 이어지는 질문의 꽃이 24시간 동안 피어났다. 불면의 밤은 '내가 뭔가 잘못 생각하고 있다.'는 사실을 깨닫고부터 멈추었다. 나는 타인의 삶을 살고 있었다. 악착같이 이기적이지 못하고 끊임없이 상대의 이기심과 타협했다. 문제를 끄집어내고 밝혀내고 정리하는 과정에서 생기는 마찰을 피해 두루뭉수리하게 정리하는 것이 대중적으로 잘하는 것이라는 잘못된 조직관을 가지고 있었던 것이다. "누구누구는 새벽에 비료를 뿌린다더라."는 수군거림이 함성처럼 들려왔다. 두루 무리 없이 뭉수리하게 잘되는 일은 없다는 것을, 그런 일은 내 마음에 담고 가면 된다는 택도 없는 너그러움이 결국 큰 사고로 이어진다는 것을, 아프게 확인했다.

고름은 살이 되지 않는다. 독하게 마음을 먹고 고름을 짜기로 다짐했다. 맨 먼저 나의 마음속에 있던 '보상 심리'라는 고름부터 짜내기로 했다. 그리고 아주 독하게 '나를 위해 살기'로 마음먹었다. 참으로 오래간만에 깊고 긴 잠을 잤다.

그동안 한 번도 들여다보지 않았던 나의 살림살이를 들여다보았다. 어려운 시기를 지났지만 살림은 나름 탄탄해져 있었다. 현금도 꽤 있었다. 모두 지독하게 아껴 쓰며 살림을 했던 마님 임덕규 덕이었다. 가을에 논도 두어 필지 사고 집도 새로 지어 이사를 했다. 남의집살이 17년 만에 내 집이 생겼다. 행복했다. 진작 이기적으로 살걸~.

아이쿱생협과의 인연

큰 사고를 겪은 뒤 오랜 시간 동안 원인에 대해 생각했다. 빨리 성과를 내야겠다는 조급함과 단지화라는 허상에 발목이 잡혀 있었던 것이 가장 큰 화근이었다. 울타리를 쳐 놓는다고 협동이 되는 것이 아니었다. 구성원들이 모두 함께 울타리를 칠 수 있어야 협동은 가능하다. 더구나 경제적 협동은 선의의 개인이 아니라 이기적인 개인들로부터 출발한다. 따라서 합의된 원칙은 절대 타협하지 말아야 한다.

이러저러한 이유로 봐주고 넘어가면 땅강아지가 뚫은 구멍에 논두 렁이 무너진다. 규모가 커지면서 친환경 농업이라는 어려운 과제를 모두가 실행할 수 없음에도 울타리를 치고 애를 썼으나 결국 그들도 조직도 별 소득을 거두지 못하고 실패했다. 사고를 수습하는 과정에서 다소간의 동요는 있었으나 임원들은 한 사람도 이탈하지 않고 자리를 지켜 주었다. 대대적인 조직 정비가 이루어졌다.

계약 농가들과의 일대일 면담을 통해 원칙을 지키고 농사를 지을 것인지에 대한 확인 작업에 들어갔다. 100여 명의 농가 중 23명이 남았다. 5개의 단지 중 3개가 깨지고 2개만 살아남았고 그나마도 군데군데 친환경 포기 농가들의 관행 논이 끼어 있는 이빨 빠진 단지가 되어 버렸다.

하지만 전혀 미련을 두지 않았다. 단지 중심의 조직이 깨지고 사람 중심의 조직이 만들어지고 나자 마음은 홀가분했다. 적어도 단지를 만들기 위해 그다지 마음도 없는 농가를 설득해야 하는 고된 정신노동에서 해방됐다는 안도감이 컸다.

관행 논과 접해 있는 논들은 이격 거리를 4미터 이상 설정하는 것으로 대책을 세웠다. 판로도 아이쿱생협으로 단일화했다. 사고를 수습하고 정리하는 과정에서 생협은 든든한 동반자가 되어 주었고, 다행히 생협으로 판매된 쌀에서는 단 한 건의 잔류 농약도 검출되지 않았다.

아이쿱생협과의 긴 인연은 그렇게 시작되었다.

당시 아이쿱생협은 매장 사업을 시작하면서 조합원이 급속하게 늘어나고 있었다(2024년 현재 조합비를 내는 조합원이 30만 명이다). 우리가 생산한 쌀이 일부만 들어가던 것이 전체 물량으로 확대되어 연간 400톤가량이 꾸준히 공급되기 시작했다. 새로운 목표가 세워졌다. '사고 제로'. 사용 자재에 대한 일제 점검과 논두렁 쌓기, 못자리 공동 작업 등 목표를 실현하기 위한 구체적인 계획들이 세워졌다. 이때 세워진 원칙과 방법들은 지금까지 법인의 생산 매뉴얼의 기본 골격을 유지하고 있다. 단지가 해체되고 뜻이 맞는 사람들로 정리되면서 자연스럽게 공동 작업이 시작되었다.

벼농사에서 가장 품이 많이 드는 못자리를 함께 만들게 되었다. 4월 말부터 모두 5차례에 걸쳐 종자를 치고 못자리를 만들어 농가들이 나누어 갔다. 못자리처럼 전체가 필요한 공동 작업과 퇴비 살포나 모내기 같은 2~3인의 공동 작업은 구성원들 내에서 다양한 소그룹 품앗이 모임이 만들어져 자연스럽게 진행되었다.

인증 심사나 수확기 잔류 농약 검사 같은 시험 철이 되면 불안감에 시달렸는데 이제는 아무 걱정이 없었다. 혹여라도 문제가 발생하면 원인을 밝히면 그뿐, 적어도 고의로 사고를 내는 일은 없어졌다.

우리에게 가장 큰 숙제는 옆 논 주인이 살포하는 제초제였다. 여러 차례에 걸쳐 부탁도 하고, 손해배상을 해야 한다는 협박도 했으나 결과는 큰 차이가 없었다. 제초제를 살포하여 발생하는 편익이 습관화되어, 논두렁에 제초제를 뿌리지 않으면 잠을 못 잔다고 하니, 말로 정리될 일은 아니었다. 심지어는 자기 쪽 논두렁만 금을 그어 제초제를 뿌려 놓는 데에는 더 이상 할 말이 없었다. 논두렁 제초제는 본인이 했든 타인이 했든 '관리 부실'이라는 친환경 인증 취소 사유였다.

회원들은 각자의 방식으로 이 문제를 해결했다. 1년이면 3번 정도 깎으면 되는 논두렁을 5번 이상 깎는 농가도 있다. 절대 제초제를 뿌릴 틈을 주지 않는 것이다. 봄철에 일찌감치 부직포를 씌우는 농가도 있다. 가을에는 걷어 두고 봄에는 다시 씌운다. 다소 번거롭지만 논두렁을 깎지 않아도 되고 효과가 좋다는 장점이 있다.

나는 논두렁을 하나 더 쌓는 것으로 이 문제를 해결했다. 나의 논 쪽으로 논두렁을 두둑하게 다시 쌓는 것이다. 지금까지 단 한 명도 논둑을 넘어와 제초제를 뿌린 사람은 없었다. 다만 논 폭이 2미터가량 줄어드는 문제가 있으나 스트레스 받는 것에 비하면 별문제 아니었다.

2009년 우리 법인 전체 농사가 대풍이 들었다. '사고 제로'뿐 아니라 그동안 문제 되던 병해충 방제에도 성공했고 생산량도 관행 논 이상으로 높아졌다. 수매와 정산을 끝내고 법인 결산을 보았는데 규모가 300헥타르일 때보다 수익이 좋았다(이때 법인의 재배 면적은 100헥타르였다). 매출은 크게 줄었지만 비용은 더 큰 폭으로 줄어 이익이 훨씬 많이 발생한 것이다. 그 이후로 지금까지 단 한 번의 농약 사고도 일어나지 않았다.

아이쿱생협은 우리가 사고를 수습하고 조직을 정비하는 동안 든든한 동반자가 되었으며 이후 밀, 콩, 양파 등으로 거래 품목도 확대되어 부안은 생협의 중요한 산지로 자리 잡았다. 밀은 연간 1,000~1,500톤이, 콩은 300톤가량, 양파는 100톤가량으로 연간 40억 원 정도의 농산물이 부안에서 공급되고 있다.

우리, 젊은 농부들

그 무렵 젊은 귀농인들이 한 사람씩 법인에 가입했다. 핵 폐기장 싸움 때 문규현 신부님과 맺은 인연으로 부안에 정착한 이규창 형을 비롯하여, 금융회사 직원 출신 김종철, 생협 직원으로 있다가 귀농한 김영택, 통신장비회사 임원이었던 제구현, 섶못정미소 막내아들(지금은 사장) 신성호, 김영택의 매형인 백조근, 불등마을 이상훈, 방랑자고 임수민, 서당마을 고성윤, 삼현마을 김한준, 부안 읍내 잘생긴 농부 김성조 등등의 젊은 친구들이 친환경 농업에 대한 뜻을 함께하며 법인에 결합했다. 「부안독립신문」과의 인연으로 친구가 된 약사 김재성과 대종상 수상 경력의 시나리오 작가 우병길 형은 마음으로 농사짓는 든든한 동지이다.

모두들 사연이 장편소설인 사람들이다. 몇 년이 지나 20대 조민강과 유수현, 그리고 또 한 명의 생협 직원 출신인 유호가 들어왔다. 법인이 젊어졌다. 자연스럽게 젊은 사람들의 모임이 만들어졌다. 주로 농사일을 함께하고 술도 마시고 놀러도 가고 하던 친목 모임은 조금 더 구체적인 목표를 가진 조직으로 발전해 갔다.

회원 신성호가 농사를 짓기 시작한 다음 해 가을, 마지막 논 한 배미를 10월 말까지 탈곡을 못 하고 있었다. 논바닥이 마르지 않아 기계가 못 들어간 것이다. 면 소재지 입구에 있는 논이어서 많은 사람들이 새내기 농사꾼의 마지막 추수에 대해 공론이 일었다. "벨 것이다." "포기할 것이다." 농부에게 수확은 매우 중요한 일이다. 콤바인이 빠져서 못 들어간다면 사람이 들어가서라도 베어서 탈곡을 하는 것이 농부의 책무다. 하지만 혼자 베기에는 면적이 너무 넓었다. 600여 평 논은 기계 작업으로는 30분밖에 걸리지 않지만 손으로 베려면 혼자서 일주일 정도 해야 하는 큰일이다. 더구나 발이 푹푹 빠지는 논에서 벼를 베어 내는 일은 쉬운 일이 아니다.

청년 모임에 도움 요청이 들어왔다. 10여 명의 회원이 팔을 걷어붙이고 달려들어 오후 3시경까지 와자하고 베어 내니 큰 걱정거리가 해결되었다. 베어 낸 벼를 콤바인에 먹여 탈곡까지 끝냈다. 반쯤 찬 톤백(콤바인으로 탈곡할 때 탈부착이 가능한 커다란 자루)이 두 개 나왔다. 말리면 어림잡아 800킬로쯤 되어 보였다. 당시 나락 값으로 보면 100만 원이 조금 못 되는 돈이다. 집단의 힘은 위대하다. 신성호는 모든 회원에게 쇠고기 만찬을 약속했다.

며칠 뒤 단체 창립에 대한 얘기도 할 겸하여 신성호가 약속한 저녁 모임을 갖게 되었다. 젊은 사람 10여 명이 다들 그럴 자격이 충분하다는 기세로 쇠고기를 몇 인 분씩 먹어 치우니, 그 양이 엄청났다. 게다가 모임의 회원 자격에 대한 격론이 벌어져 저녁 자리는 주인이 영업을 끝내야 한다고 사정할 때까지 이어졌는데, 그때까지 안주가 계속 쇠고기였다. 4시간 동안 먹은 저녁 식대는 그날 우리가 베어서 털어 낸 나락 값보다 만 원쯤 더 나왔다.

그날 격론을 벌여 밥값을 올린 주제는 농사짓는 것을 정회원의 자격으로 할 것이냐 말 것이냐에 관한 문제였다. 농사짓는 것을 정회원의 자격으로 정하면 김재성과 우병길 형은 준회원이 되어 격이 낮아지게 되는데 이에 대해 김재성은 절대 수용할 수 없다며 팽팽하게 맞섰다. 모두 돌아가며 뼈 있는 주장을 한마디씩 쏟아 냈다. 농사짓는 사람들은 평일에도 활동을 할 수 있는데 농사짓지 않는 사람들이 있으면 활동에 제약이 있게 된다는 것이 준회원제 주장의 핵심 논리였다.

한편 김재성과 우병길 형의 논리는 이랬다. "꼭 논에 벼를 심어야만 농사냐? 나는 마음으로 짓는 농사꾼이다. 당신들을 좋아하고 농업을 좋아하고 협동과 환경을 생각하는 이런 모임에 절대적으로 동의하는 사람으로서, 준회원으로는 끼고 싶지는 않으니 정회원으로 해야 한다."

다들 사회생활을 한가락씩 했던 이들이라 자기주장이 분명했고 세력도 팽팽했다.

이러니 저녁 자리가 길어질 수밖에. 게다가 공짜 밥은 더욱 맛있는 법, 허리띠 끌러 놓고 먹고 마시고, 시끌벅적하니 주장도 하며, 하하 웃기도 하고, 진지하기도 했던 신성호 벼 베기 기념 저녁식사 자리는 마지막에 표결로 끝이 났다. 결과는 5대 5였다. 그렇게 많은 비용을 치르고 난 결론치고는 참으로 그럴 듯했다. 공식 총회 전에 밥을 한 번 더 먹기로 하고 이날 회합은 끝이 났다.

다음 모임은 석상마을 두레센터에서 숭어회와 배춧국, 두부전골 등으로 간소하게 차린 저녁 자리였다. 12월 마지막 주였다. 그 사이에 회원들 간에는 정도 들고 해서 모두들 함께 가는 분위기가 있었고, 시간이 갈수록 김재성의 주장에 대해 회원들의 생각이 움직였던 듯 '모두 정회원으로 가기로' 결론이 났다. 긴 토론 끝에 내린 집단의 결론은 이후 모임의 활동 계획을 결정하는 데 아주 중요한 요인이 되었다. 모든 계획은 '마음농부'들의 참여가 보장되도록 세워졌다.

이날 모임에서는 모임의 명칭과 사업에 대해서도 한참 동안의 토론이 있었다. 그리고 며칠 뒤 총회가 열렸다.

홍대로 일본으로
연수를 떠나다

2016년 1월 창립총회가 열렸다. 명칭, 규약 제정, 임원 선출, 사업계획 토론의 순으로 회의가 진행되었다. 모임의 명칭은 김종철의 제안으로 결정됐다. 김종철은 재능이 많고 아이디어가 반짝인다. "어차피 농사짓는 모임인데 엄청 빡세게 농사짓는 모임으로 하면 어떻겠느냐?"는, 그래서 '미친 듯이 농사짓는 사람들'을 줄여서 '미농사'로 하면 어떻겠느냐는 거였다. 다들 이 제안에 동의했다. 그렇게 '미농사'가 만들어졌다.

규약의 핵심은 정회원제와 징벌에 관한 것이었다. 징벌에 관한 내용은 '조직의 명예를 더럽힌 자는 제명한다.'는 규정의 해석에 대한 문제였다. 어디까지를 조직의 명예를 더럽힌 것으로 볼 것이냐였다. "다소 주관적이지 않겠느냐?" 뭐 그런 문제 제기였다. 결론은 '만장일치'로 났다. 만장일치로 조직의 명예를 더럽혔다고 결정되면 제명하기로.

임원은 초대 회장에 제구현이, 총무는 김성조가, 재무는 회사에서 회계 업무를 맡았던 신성호가 맡았다. 다음은 사업계획에 대한 논의였다. 상호 부조, 협업의 농사, 학습과 연구의 활동과 함께, 더욱 결의를 다지기 위한 엠티를 추진하자는 내용이었다. 엠티 장소가 문제였다. 보통은 엠티를 시골로 가지만 우리는 이미 시골에 살고 있으니 더 시골로 간다면 섬으로 가는 거였는데 거기도 시골이니, 그럴 바에야 아예 서울로 가자는 의견이 나왔다. 역시 여럿이 머리를 맞대니 좋은 의견이 많이 나왔다. 준비팀을 꾸리고 총회를 마쳤다.

엠티에 대한 토론은 그 뒤로도 더 이어졌다. 서울 어디로 갈 것인가에 대한 의견들이 분분한 끝에 덕수궁과 인사동 거리, 홍대 앞 거리를 다녀오기로 하였다. 서울에서 가장 '핫하다'는 곳으로 가기로 한 것이다. 차편은 KTX를 타기로 했다. 참으로 오랜만의 서울 나들이였다.

서울 나들이라고 나름 차려입었는데 덕수궁 한복판에서 몰려다니니 묘하게 연변 아저씨들 분위기가 났다. 다들 시골에서의 생활이 어느 정도 몸에 배었나 보다.

인사동을 거쳐 홍대 앞 거리에서 저녁을 먹고 카페에서 맥주도 마셨다. 잠은 게스트하우스에서 잤는데 게스트하우스라는 곳이 대단한 곳인 줄 알았는데, 여행자들의 숙소였다. "좁고 불편했지만 경험이려니." "엠팅게~(엠티니까)." 하며 모두들 늦은 시간까지 각종 주제를 놓고 격론을 벌이며 밤을 보냈다.

그렇게 시작된 미농사 엠티는 매년 1월 중순경에 1박 2일 혹은 2박 3일로 이어졌다. 부산, 강원도, 여수, 고창 등 멀고 가까운 곳으로 가는 우리들의 여행은 1년 동안 쌓인 마음의 피로를 풀고 한 해의 숙제를 정하기도 하는 계기가 되고 있다.

숙제의 대부분은 '농사를 어떻게 협업화할 것이냐.'였다 우리는 이

주제를 보다 깊이 있게 다루기 위해 일본 연수를 추진했다. 일본의 집락 영농의 협업화 사례를 보고 우리에게 적용할 것이 있는가를 검토해 보자는 취지였다. 연수 비용을 마련하기 위해 계를 뭇기로 했고 혹시 이런 활동에 대한 지원이 있나 찾아보던 중에 농정원(농림수산식품 교육문화정보원)이라는 기관에서 농촌 법인이나 동아리의 연수에 대한 지원을 한다는 정보를 파악하고 신청서를 냈다. 서류 접수와 면접으로 이어지는 심사 과정에서 우리는 쟁쟁한 법인들을 제치고 가장 높은 점수를 받아 사업 대상자로 선정되었다.

2016년 8월 미농사는 산들바다공동체영농법인 회원 3명과 익산 함라영농법인 젊은 농부 3명을 포함, 18명의 연수단을 꾸리고 일본 연수에 나섰다. 연수 진행은 지역 농업연구원이 맡았고 안내는 지역 농업 운동의 권위자인 유정규 박사님이 해 주었다. 5박 6일간 일본의 다양한 마을 영농 협업 사례들을 볼 수 있었다. 그런데 일본의 집락 영농(집락= 마을. 농작업의 중요 부분을 마을, 혹은 마을에서 만든 법인이 공동으로 하는 농업의 형태) 사례는 우리에게 그리 신선한 충격을 주지 못했다.

대부분의 사례들은 우리가 생각하는 협업 농업과는 다소 거리가 있었다. 그 동기가 새로운 협업 운동을 지향하는 진취적인 목적에서 출발한 것이 아니었다. 고령화와 공동체 붕괴라는 현실 문제에 직면한 농촌 지역 마을들의 불가피한 선택이었고, 정부의 다양한 지원정책과 맥을 같이하고 있다는 점도 우리가 기대한 모습은 아니었다. 그렇다고 배울 점이 없었던 것은 아니다. 공동 작업에 있어서 인건비의 계산 방식이나 비용을 최소화하기 위한 다양한 농작업 집단화 사례들은 시사점이 있었다. 무엇보다 가장 큰 성과는 '기술은 가장 높은 수준으로 올라가고 비용은 가장 낮은 수준으로 수렴된다.'는 협동 이론의 발견이었다.

대부분의 연수 지역 단체 회장들은 협동의 복잡성과 이해관계 조정의 어려움에 대해 이야기했다. 역시 함께 무엇을 한다는 것은 쉬운 일이 아니다. 하지만 협동이라는 주제로 1주일 동안 함께 생각하고 경험하는 시간을 가졌다는 것만으로 우리는 한 걸음 더 나아가고 있었다.

협동의 두 모습

농사는 협동을 필요로 한다. 바람에 날리는 비닐을 혼자서는 덮을 수 없다. 둘이서는 간단하다. 일본 연수를 통해서 확인한 바 기술의 고도화와 비용의 최소화라는 협동 농사의 원리는 대단히 매력적이었다. 또 이 무렵 우리는 논농사뿐 아니라 밭농사로 영역을 확장하려고 준비 중이었는데, 밭농사에서 협동은 어떤 식으로 가능할 것인가에 대해 관심들이 높았다. 생각을 바로 실행에 옮기는 것은 농부들의 큰 미덕이다.

우리는 몇 차례의 토론을 거쳐 양파 공동 농사를 시작했다. 나와 제구현, 김영택, 김종철, 이상훈, 백조근, 우병길 형 등 7명이 뜻을 모았다. 방법은 모든 것을 공동으로 하는 방식이다. 육묘, 밭 준비, 정식, 풀매기, 방재, 수확, 선별, 출하까지 모든 과정을 다 함께 모여서 했다. 비용도 공동으로 계산하기로 했다. 밭 임대료부터 비료, 종자대, 인건비 등 모든 비용을 기록하고 공동으로 정산하도록 했다. 기록 담당을 두고 모든 농작업의 난이도와 참여 시간을 기록했다. 일본 연수에서 배운 방식으로 기록을 세분화해서 정리했다.

모두 4,000평에 양파를 심었다. 고랑에 나는 풀을 억제하기 위해 부직포를 깔았는데 겨울바람에 날아가는 탓에 4~5번에 걸쳐 수리 작업을 해야 했다. 이때마다 모두 모여 작업을 하니 사건의 엄중함에 비해 작업 시간은 그리 길지 않아 한나절 작업하고 점심도 먹고 놀기도 하며 겨울을 보냈다. 풀은 모두 3번을 맸다. 늦가을에 한 번, 이듬해 3월에 또 한 번, 5월쯤 되어 마지막 풀매기를 했다. 풀매기에 들어가는 인원은 심는 사람 수의 두 배였다. 만만치 않은 인건비 지출이 예상됐다.

농사는 잘되었다. 크기도 크고 병도 없었다. 수확까지 마무리하고 숫양파는 따로 모아서 상품성 없는 것들과 섞어 양파즙을 만들었다. 생협과 학교 급식에 판매까지 마치고 드디어 결산의 시간. 결산 결과 일단 계산상의 손해는 보지 않았다. 손해 보지 않았다는 것에 모두 안도했다.

하지만 나눠 가질 것도 없었다. 모든 비용을 제하니 양파즙 정도가 남았다. 양파즙을 나누어 각자 먹든지 팔든지 알아서 하는 것으로 모든 결산을 마무리했다. 평가의 시간은 그리 오래 걸리지 않았다. 결론은 '이런 방식으로는 의미가 없다.'였다. 모든 것을 함께 하다 보니 둘이 해도 되는 일을 7명이 모여서 하는 식으로 인력의 배치가 비효율적이었다. 무엇보다 경험과 전문성이 문제가 되었다. 고랑에 까는 부직포는 초봄에 까는 것이 유리하다. 겨울 풀이 조금 자라도 그 위에 부직포를 깔면 속에 들어간 풀들은 모두 고사하고 만다. 그런 것을 가을에 깔아서 겨울바람에 판판이 날려 그때마다 힘겨운 작업을 해야 했으니 아주 멍청한 일이었다.

토양 관리부터 작물의 생리를 파악하고 제때 대응하는 전문성의 부족도 갈등을 불러왔다. 매번 작업 때마다 작업 내용과 방식을 놓고 이견이 발생하였고, 이는 공동 농사를 지속하지 못하게 하는 마음의 걸림돌이 되었다. '기술은 가장 높은 수준으로 올라가고 비용은 가장 낮은 수준으로 수렴된다.'는 협동 이론은 첫 번째 시도에서 성공하지 못했다. 그렇다고 실패는 아니었다. 우리는 우리의 경험과 전문성이 밭 농사에 있어 큰 문제가 된다는 사실을 깨달았다.

그래서 공부를 하기로 했다. 여름 농한기 동안 농촌진흥청의 전문가들을 초청하여 토양, 작물 생리, 병충해 관리 등 농업의 원론들을 공부했다. 겨울에는 아이쿱생협 생산자회 기술위원들을 초청하여 실전

에서의 밭농사에 대해 공부했다. 모두의 기술 수준을 높이는 것이 필요했다. 이러저러한 교훈을 남기고 양파공동농사팀은 해체되었다.

그러던 중 젊은 층에서는 한 단계 더 높은 공동 농사의 모델을 만들고 있었다. 양파 공동 농사를 함께했던 김종철이 하수민, 김한준, 김성조와 4명이서 모든 농사를 통합, 일원화하는 시도를 했던 것이다. 밭농사만이 아니라 논농사까지 심어지는 모든 작물을 공동으로 재배하고 계산도 공동으로 하는 '살림 통합 협동 농사'를 시작한 것이다.

고추, 참깨, 들깨, 콩 등의 밭농사가 조직 전체의 관심 속에 추진되었고 논농사도 못자리부터 경운과 이앙을 체계적으로 진행하였다. 함께하는 일은 매우 즐거워 보였다. 항상 함께 움직이고 팀워크도 좋았다. 젊은 농부 4명이 뭉쳤으니 무서울 것이 없었다. 한여름 뙤약볕과 폭풍의 날에 깨를 베는 힘든 작업도 거뜬히 해냈다. 우리는 그들의 협동이 크게 성공하기를 마음으로 빌었다.

하지만 결과는 그리 좋지 않았다. 논농사는 별 탈 없이 수확까지 했으나 밭농사는 돈이 되지 못했다. 고추는 첫물을 따고 탄저병이 왔고, 참깨는 말리는 도중에 일부가 변질되어 수확량이 대폭 줄었다. 비용을 건지기에도 빠듯한 수확이었다. 하지만 그런 가운데에도 팀원들 간에 갈등이나 다툼은 일어나지 않았다. 김종철의 리더십과 팀원들의 희생정신 때문이었다. 함께했던 구성원 간의 의리와 정은 가족보다 깊어졌다.

우리는 '양파 공동 농사'와 '살림 통합 협동 농사' 실험을 통해 협동의 또 다른 이면을 경험하였다. 두 실험은 우리에게 '농업에서의 협동은 어떤 모델이며 어느 수준까지 가능한가?'라는 질문을 던지고 있었다.

실패를 나누는 일

힘을 모은다는 것은 좋은 일이다. 협동은 혼자 할 수 없는 일을 가능하게 한다. 그렇다고 협동이 쉬운 일은 아니다. 참여하는 성원들이 동등한 자격과 대우를 받고 참가할 수 있어야 하며 성공이든 실패든 그 결과의 분배에 대해서도 공감해야 한다.

특히 실패할 경우에 책임을 나누는 문제는 협동의 가장 어려운 부분이다. 과실을 나누는 것은 쉽지만 책임을 나누는 것에는 매우 인색하기 때문이다. 사자와 호랑이가 뛰어다니는 거친 야생에서 살아남아야 하는 동물적 보호 본능 때문이다. 자연과 노동의 결과인 과실을 항상 넘치게 수확하기는 어렵다. 때로는 들어간 비용보다 못한 과실을 수확하기도 하고, 그마저도 없이 망하는 지경에 이르기도 한다. 더욱이 농업은 인간의 노력을 49로 하고 하늘의 뜻을 51로 하는 불확실성의 작업이므로 그 결과를 단정하기 어렵다.

이러한 이유 때문에 농업에서의 협동은 주로 그 과정을 함께하는 것을 주된 내용으로 한다. 농사에서의 성공과 실패는 개인의 몫으로 하되, 자재의 공동 구매, 여럿이 힘을 모아야 하는 공동 작업 등은 협동으로 해결하는 방법이다.

대표적인 경우가 농협이다. 농협의 공동 생산, 공동 판매는 자재를 공동으로 구매하고 생산물을 공동으로 판매하거나 기술 교육을 통해 방법을 알려 줄 뿐 농사가 잘되고 못되는 것에 대해서는 농가가 책임을 지게 되어 있다. 대한민국의 농협은 세계적으로도 그 조직 규모가 작지 않은 매우 큰 조직이다. 그런데 이렇게 큰 조직이라면 충분히 농산물의 품목별 수급 조절, 가격 안정, 품질 향상 등에 막대한 영향을 가지고 있어야 한다. 하지만 많은 농협들이 이 역할을 제대로 하지 못하고 있는 것이 현실이다. 최근 들어 다소 변화가 일어나고 있지만 농협이 농산물의 유통에 있어서 충분한 역할을 하지 못하고 있다. 그 이유는 실패의 결과를 나눌 수 없는 구조 때문이다.

좋은 농산물을 생산하여 높은 경쟁력을 갖고 좋은 결과를 내기 위해서는 성공이든 실패든 그 결과를 공동으로 책임지는 것으로부터 출발해야 한다. 결과를 공동으로 책임진다는 것은 무엇이며 어떻게 실현될 수 있을까? 그것은 협동에 참여한 당사자들이 합의한 엄격한 규율과 그 적용을 통해서 실현된다. 생산된 농산물의 품질 규격, 생산 방식, 계약과 출하 절차 등 생산 및 유통과 연관된 규율을 엄격하게 지키는가와 그러지 못하는가는 협동의 성패에 가장 결정적인 원인이 된다.

농협을 포함하여 영농법인이든 작목반이든 성공한 조직의 공통점은 이것이다.

농사의 협동이 성공하기 위해서는 하나가 더 필요하다. 농사 기술이다. 기술은 종이에 적혀 있는 매뉴얼이 아니라 토양과 작물에 대한 원론적인 지식과 더불어 오랫동안의 실험, 성공과 실패의 데이터들이 집적된 역사적인 결과물이다. 따라서 기술 축적을 목표로 하는 협동 역시 매우 큰 가치가 있다.

협동 조직의 성공 여부는 실패했을 때 어떠한 자세를 갖느냐에서 판가름 난다. 실패한 원인을 분석하고 다시는 되풀이하지 않기 위해 규율을 세우고 가느냐 아니냐에 따라 그 미래가 결정된다.

하서미래영농법인의 설립과 운영은 그 원칙을 확인하는 과정이었다. 또한 미농사의 실험을 토대로 영농법인의 밭작물 관리 체계를 정비하였다. 밭작물은 종류가 많고 그 재배 방법도 복잡하여 한 사람이 모든 내용을 감당할 수 없다. 그래서 작물별로 책임자를 선정하여 관리하는 방식을 택했다. 대파는 김영택, 양파는 제구현, 단호박은 신성호, 배추는 유재흠, 이런 방식이다. 자재의 공동 구매와 일의 협동은 필요에 따라 탄력적으로 적용한다. 이러한 작업을 위해서는 육묘장이나 저온 저장 보관시설, 퇴비사, 공동 작업장 같은 시설들이 필요한데, 이러한 시설은 그동안 노하우가 쌓여 있는 벼에서 사업준비금을 조성하여 충당했다.

지금은 밭작물 재배의 노하우도 축적되어 재배 규모와 수확량이 관행 농사를 넘어서는 수준으로 발전해 가고 있다. 현재 미래 영농법인은 연간 400톤의 유기농 쌀과 양파, 대파, 감자, 마늘, 옥수수, 배추, 참깨, 들깨, 고추, 양배추, 단호박, 콩, 밀 등을 생산하여 아이쿱생협과 지역 학교 급식에 납품하고 있다.

그중 밀은 단일 품목으로 영농조합법인을 설립할 만큼 규모가 커졌다.

관행 농사와 유기 농사, 무엇이 다를까?

화학 비료와 화학 농약에 의지하여 짓는 농사를 관행 농사라고 부른다. 제초제, 살충제, 살균제를 사용하여 작물을 위협하는 요소들을 제거하고 흡수율이 높은 화학 비료를 통해 작물을 크게 키워 낸다. 대개의 농산물은 여기에 해당한다. 유기 농업은 화학 비료와 화학 농약을 사용하지 않는다. 대신 자연 유래의 비료와 천연 물질을 이용한다. 풀을 죽이거나 완전히 없애지 않는다. 작물과 토양, 미생물 등 여러 요인들의 공생을 중요하게 고려한다. 이를 통해 작물이 가진 능력을 최대한 발휘하도록 한다. 잔류 농약이나 질산염 같은 위해 물질이 없는 농산물을 적당하게 키워 낸다.

먼저 우리 식탁을 생각해 보자. 우리는 인류 역사상 가장 풍요로운 식탁을 마주하고 있다. 하지만 이 풍요는 그리 오래된 것이 아니다. 보릿고개가 사라진 지난 반세기 동안 농업의 역사에서 매우 중요한 일들이 일어났다. 잠시 농업의 역사를 살펴보자.

구석기 수렵 채취의 시대에 인류는 1,000만 명 수준이었다. 인간은 신석기 시대에 이르러 경운과 길들이기라는 기술을 이용하여 들판의 식물과 동물을 일정한 영역 안에서 기르는 농사를 발명하였다. 이를 1차 농업 혁명이라고 하자.

1차 농업 혁명이 일어난 지 1만 년이 지나서, 자연 상태보다 훨씬 많은 먹거리를 확보하게 된 3천 년 전쯤 인류는 1억 명까지 늘어났다. 이때 농업 기술의 핵심은 선택과 이용이다. 자연 상태의 식물이나 동물 중 영양 성분이 많고 농업적으로 다루기 쉬운 식물과 동물을 선택하여 재배하고 사육하며 이 속에서 자연 돌연변이로 나오는 우수한 종자를 선발하여 다음에 이용하는 방식이다.

먼 곳으로부터 물을 끌어오거나 이 물을 가두어 농업에 이용하였다. 동식물의 잔해나 배설물로부터 얻은 거름을 농업에 이용하여 수확량을 늘렸다. 그 외에는 오직 인간의 부지런함만이 생산량을 늘리는 동력이었다. 그렇게 천년이 지나 1800년대 초반 인류는 10억 명에 이르렀다.

산업 혁명은 이러한 1차적 방식의 농업에 근본적인 변화를 가지고 왔다. 암모니아 제조법인 보슈-하버 공법을 발명하여 식물이 질소화합물을 생성하는 데 필요한 요소를 자연 상태에서가 아닌 공장에서 합성할 수 있게 된 것이다. 농생물학자들은 전 세계적으로 재배되고 있는 작물의 유전자를 모아 재배 적성이 우수하고 수량이 많은 품종을 개발했다.

비료와 농약은 농사에 사용되기도 하지만 폭탄이나 화학무기의 원료로도 쓰였다. 질산염은 당초에 질소비료의 원료로 개발되었으나 제1차 세계 대전이 일어나면서 폭탄의 원료로 사용되었다. 초가와 겨울 산을 불태우기 위해 한국전쟁 때 개발된 네이팜탄은 베트남 전쟁 때는 밀림을 불태웠고 그 이후 제초제가 되어 논밭에 뿌려졌다. 인간을 살리기 위한 것과 죽이기 위한 것이 같은 물질에서 출발했다는 것은 아이러니하다.

1950~1960년대를 거치면서 일어난 유전 공학과 요소 비료의 결합은 '녹색 혁명'을 가져왔다. 앉은키밀과 벼가 개발되어 대량 생산되는 질소 비료와 만나 멕시코, 인도, 파키스탄, 중국 등 인구가 많고 식량이 부족한 나라들에서의 식량 생산이 2~8배까지 늘어났다. 더러는 식량 수입국이 수출국으로 변하기도 하였다.

늘어난 농업 생산 덕에 식량 문제 때문에 일어나는 전쟁도 줄었다. 녹색혁명의 아버지라 불리는 노먼 블로그 박사는 식량 문제를 해결해서 인류에게 평화를 가져왔다는 공로를 인정받아 1970년에 노벨평화상을 수상한다. 인류는 적어도 절대적인 식량 기근 문제를 해결한 것으로 보인다.

우리나라도 예외는 아니었다. 우리나라는 녹색혁명을 통해 식량 자급의 시대가 열린 이후 화학 비료 사용량이 세계 1위, 화학 농약 사용량은 세계 2위이다(1위는 일본이다). 12센티 간격으로 촘촘하게 벼를 심는 밀식 재배를 바탕으로 3회 이상의 농약을 살포하는 다수확 농법은 40년 동안 농업기술센터를 통해 농민들에게 교육되었다.

1955년 남한 최초의 요소 비료 공장인 충주비료공장이 건설된 이후 1958년 호남비료공장이 세워진다. 1963년 영남화학을 비롯하여 1960년대에 진해화학, 한국비료, 조비, KG케미컬, 풍농비료 등 여러 비료 공장이 건립된다. 이를 바탕으로 1960년 6,228톤이던 화학 비료 생산량은 1975년 87만 7,818톤으로 140배 증가했다. 이후 1980년 134만 9,740톤, 2000년에는 372만 9,000톤을 정점으로 현재에 이르고 있다. 이에 따라 화학 비료의 단위 면적당 소비량도 1970년 1헥타르당 172킬로그램에서 2000년 381킬로그램으로 2배 이상 증가한다. 이로써 세계 1위의 화학 비료 사용 국가 자리에 오른다.

이 중 53퍼센트가 질소 비료인데 질소 비료는 질산염의 형태로 식물에 흡수된다. 질산염은 그 자체로 인체 대사에 중요한 물질이지만 과잉되었을 때 문제를 발생시킨다. 체내에 들어온 질산염의 일부(과잉된 질산염)는 아질산염으로 변하고 나이트로사민이라는 발암 물질이 되는 것으로 알려졌다. 질산염은 헤모글로빈과 결합하여 뇌로 공급되는 산소량을 줄여 알츠하이머나 파킨슨병을 일으킨다. 어린이에게는 아토피와 주의력 결핍, 과잉행동장애의 원인이 된다. 유아는 사망에 이를 수 있다. 세계 보건 기구에서 한국이 기준치보다 높은 질산염을 섭취하고 있다고 경고하는 것은 우연이 아니다. 과잉 사용되어 강이나 바다로 흘러드는 질산염은 어류를 통해 2차 오염을 일으키기도 한다.

질산염은 식물의 성장에 필수적인 요인이지만 과도하게 질산염을 흡수한 농작물은 검녹색을 띠며 무성하게 자라 병해충의 집중 공략 대상이 된다. 열매를 맺기도 전에 잎이 너덜너덜해진다. 병해충이 발생하면 농부의 마음도 너덜너덜해진다. 눈앞에서 돈이 사라지는 것이다. 결사적인 농약 살포가 시작된다. 1~2회로 안 될 경우 5회까지, 500배로 안 될 겨우 250배까지 독하게 농약을 희석하여 사용한다. 화학 비료 사용은 필연적으로 화학 농약의 사용으로 이어진다.

농약 공급량은 1960년대 1,000여 톤으로 출발해 1970년 3,700톤, 1985년 1만 9,000톤 1991년 2만 7,000톤을 정점으로 연간 2만 5,000톤이 사용되고 있다. 헥타르당 15킬로그램가량의 농약이 해마다 전국 농지에서 사용되고 있다. 이들은 제초제, 살충제, 살균제로서 그 자체로 인간이나 동물, 수생동물이 먹으면 죽거나 심한 후유증이 있을 만큼 강한 독성을 가지고 있으나 물에 희석하여 작물에 뿌릴 경우 일정 시간이 지나면 독성이 사라지므로 안전하다는 것이 농약 제조회사의 설명이다. 잔류 성분이 없어지는 것이 아니라 일정 정도 이하로 검출되면 안전하다는 뜻이다.

제초제로 사용되는 그라목손이라는 농약은 농민들이 빚에 허덕이다 자살할 때 많이 사용되었는데 이 농약은 마시면 해독제가 없어 엄청난 고통 속에 죽어 갔다. 이것이 사회 문제가 되어 1990년대에 원료 물질인 파라콰트에 대한 집중적인 안전성 검사가 실시되었으나 결국 잔류량이 없어 안전하다는 결론이 났다. 살충제나 살균제의 원료는 강한 발암성을 갖거나 어류 독성 2급 수준의 물질들로서 논이나 밭에 사는 작은 병균뿐만 아니라 농토에 사는 미생물과 곤충들을 모두 죽게 만들어 생태계 파괴의 주범으로 지목되었다. 발암성과 기형, 불임, 아토피 등 현대 난치병의 대부분이 과도한 농약 사용으로부터 기인한다는 사실이 이미 오래전에 검증되었다. 하지만 농약은 '작물보호제'라는 그럴듯한 이름으로 사용되고 있다.

화학 비료와 화학 농약은 녹색혁명을 통해 국민을 배고픔에서 해방시켰지만 그것의 독성에서 기인한 암과 같은 질병과 먹거리 과잉에서 기인한 비만, 당뇨, 고혈압 등 생활 습관병의 원인으로 지목되고 있다.

이런 문제점을 해결해 보고자 하는 것이 유기 농업이다. 유기 농업은 단순히 과거의 농업으로 돌아가자는 것이 아니다. 현재까지 인류가 축적한 기술을 토대로 순환과 공생의 생태계를 만들어 가자는 운동이다. 인간의 폭력적 자연 지배의 결과로 위협받는 인간의 건강을 지키자는 대안 농업이다.

숙명의 작물 밀

3

우리밀 살리기 운동은 자급률 0퍼센트였던 우리밀을
한때 1만 톤(0.5퍼센트)까지 늘릴 정도로
성공적으로 전개되었다.
김영삼 대통령이 우리밀 국수를 청와대에서 점심으로
먹었다는 뉴스가 나오면서 우후죽순처럼 우리밀 칼국수
가게가 생기기도 하였다. 우리밀 살리기 운동을 계기로
우리콩 살리기 운동, 우리농촌 살리기 운동 등 온갖 살리기
운동이 일어났고, 소비자 운동에서도 생활협동조합운동이
비약적으로 성장하는 등 대안 운동의 시대가 열렸다.

대부분은 모르는
우리밀의 역사

      우리가 쌀 다음으로 주식으로 먹고 있는 밀은 현재 99퍼센트가 수입된다. 단지 1퍼센트만이 자급되고 있다. 그렇다면 밀은 수입으로부터 그 역사가 시작된 것일까? 아니다.

      우리밀은 고고학적으로는 2천 년, 나의 추정으로는 5천 년 전 고조선 시대부터 우리 민족이 주식으로 먹어 온 작물이다. 조선 시대에 이르러 밀은 국가적으로 장려하는 작물로 지정되어 왕이 직접 농사를 짓는 친경전에 심어지는 9가지 작물 중 하나였다. 9가지의 곡물은 벼, 밀, 기장, 수수, 피, 단수수, 콩, 팥, 보리이다. 『세종실록』에는 왕이 5~6월에 말을 타고 교외로 나가 누런 밀이 넘실대는 들판을 바라보며 흐뭇해하는 기록이 있다. 1429년(세종 11)에 간행된 『농사직설』은 각지의 실력 있는 농부들을 모아 그 재배법을 정리한 농서인데 이 책에는 건조하고 새로 개간한 밭에 밀을 심으라고 장려하는 대목이 나온다.

우리나라를 넘어 이란에서까지 시청률 90퍼센트를 찍은 'K-드라마'의 원조 「대장금」에 만두를 소재로 경연하는 대목이 나온다. 주인공 서장금이 경연 전날 밤 진가루를 잃어버리고 배춧잎으로 만두를 빚는다. 진가루를 잃어버렸다고 퇴출의 위기를 맞아 위태로운 때 대왕대비가 나타나 서장금의 아이디어에 탄복하며 퇴출을 모면하는 장면들이 아슬아슬하게 전개된다. 여기서 진가루가 밀가루이다.

조선 시대 생산량 통계를 알 수는 없지만, 수입 개방도 세계무역기구(WTO)도 없던 시절이니 밀의 자급률은 100퍼센트였을 것이다. 농업 통계가 있었던 1910년도의 밀 재배 면적은 한반도 전체에서 24만 헥타르, 생산량은 16만 6,000톤이었다. 2023년보다 재배 면적은 20배, 생산량은 3배이다.

분단 이후 불가피하게 남한에서만 밀을 재배하게 되었지만, 밀은 원래 춥고 메마른 지방에서 재배되는 작물이다. 일본도 홋카이도에서 60퍼센트가 생산된다. 한반도에서도 밀의 최대 산지는 황해도와 평안도였다. 북한이 최근 들어 주식을 쌀과 옥수수에서 쌀과 밀로 바꾸었다는데 그 역사적 배경이다.

일제 강점기를 거치면서 우리밀은 세계 밀 역사에 한 획을 그은 사건에 동참하게 된다. 앉은키밀은 우리밀의 토종 종자 중 하나였다.

1905년 일본으로 건너가 일본에서 '농림 10호'로 개량되어 재배되기 시작했다.

노먼 블로그는 미국인 농학자이자 식물병리학자이다. 그는 평생을 밀, 쌀 등 식량 작물의 생산성 향상을 위한 품종 육성에 바쳤다. 식량 문제 해결을 위해 생산성이 높은 밀을 개발하는 것이 그의 과제였다. 이 과제의 핵심 열쇠는 키가 작은 대에 이삭이 큰 밀을 맺게 하는 것이다. 그는 멕시코에서 밀 육종 연구를 하고 있었는데, 그가 연구하는 밀 품종은 가늘고 키가 큰 종이었다. 이런 품종은 이삭이 크게 자란 밀을 지탱할 수 없어 쓰러지는 문제가 있었다. 이 문제를 해결한 것이 일본에서 건너간 농림 10호, 앉은키밀이다.

그의 연구는 성공했다. 1960년대 멕시코가 밀 수입국에서 수출국으로 바뀌었고, 인도, 파키스탄 같은 개발도상국에서 그가 개발한 신품종을 재배하여 밀 생산량이 4~6배까지 늘어난다. 이러한 그의 업적으로 기아로 죽어 가는 인류를 연간 10억 명을 구했다고 평가받는다. 노먼 블로그는 기아를 없애고 전쟁을 막았다는 업적을 인정받아 1970년 노벨평화상을 받았다. 이후 쌀, 보리 등의 육종에서 키가 작고 이삭이 많이 달리는 작물 연구로 11개 이상의 작물에서 생산성 향상을 이뤄 냈다. 1950년부터 세계적으로 진행된 녹색혁명의 내용이다. 그는 1974년에 한국을 방문하여 5일 동안 밀 종류 재배 단지를 둘러보고 농촌진흥청에서 강연하기도 했다.

한국전쟁 이후 1954년 미국은 자국의 농산물 가격을 유지하고 남는 농산물을 후진국에 원조하기 위한 'PL480'이라는 법을 만들었다. 이 법에 의해 한국에 1961년까지 2억 달러가 지원되었다. 그중 40퍼센트가 밀이었고 보리, 쌀, 면화 등이 뒤를 이었다.

이렇게 들어온 밀가루는 급속하게 식탁을 점령하였고 밀 소비를 폭발적으로 늘려 갔다. 밀 재배 면적도 조금씩 늘어 1943년에 7만 9,000헥타르, 1957년에 8만 8,000헥타르, 1970년에 9만 6,000헥타르에 이르렀다. 하지만 소비량의 급증에 비해 생산량의 증가는 미미한 것이어서 밀의 자급률은 지속적으로 하락하여 1975년경에는 15퍼센트까지 떨어지게 된다.

1980년 전두환 신군부는 경제 개방 정책을 내세우며 농산물 수입 개방정책을 전면화하고 밀 수매 제도를 폐지하기에 이른다. 이어 1984년에는 밀가루에 대한 관세를 아예 없애고, 1990년에는 밀 알곡에 대한 관세마저 폐지함으로써 밀은 100퍼센트 수입에 의존하는 시대가 도래하고 말았다. 그러니 국민 대다수가 밀이 우리나라에서 과거에 재배되었는지, 지금도 재배되고 있는지 모를 수 있는 것이다.

우리밀이 부활하다

밀은 전 세계에서 가장 많은 사람이 먹는 주식이다. 그러한 까닭에 밀을 생산하는 거의 대부분의 나라는 자국 내 밀 생산 기반을 유지하기 위해 관세를 적어도 100퍼센트 이상 유지하고 있다. 일본은 밀을 전량 국가에서 수입하여 100퍼센트의 관세를 붙여 업체에 판매하고 남는 돈을 밀 생산 농가에게 장려금으로 지급하는, 가격과 소득 보전 제도를 실시하고 있다.

이러한 정책으로 일본은 15퍼센트의 자급률을 꾸준히 유지하며, 30여 종 다양한 품종을 보유하고 만들려는 식품의 특성에 맞는 밀을 구분하여 공급하고 있다. 하지만 안타깝게도 대한민국은 1990년 밀 농업을 완전히 포기하였고 자급률은 0퍼센트가 되었다.

우리밀이 다시 살아나기 시작한 것은 1992년 시작된 '우리밀 살리기 운동'이 계기가 되었다. 1991년은 대학생 강경대 군이 경찰의 진압봉을 맞고 숨진 사건을 시작으로, 분노를 참지 못한 십수 명의 젊은이가 잇달아 분신자살로 세상을 등진 우울하고 힘겨운 해였다. 운동 전반에 대한 반성이 일어났다. 더 이상 죽음의 운동이 아닌 살리는 운동으로의 전환이 폭넓게 진행되었다.

생명의 농업을 추구하던 농민운동 지도자들과 시민운동 세력이 힘을 모아 만든 모임이 '우리밀 살리기 운동 본부'였다. 모두 16만 명이

32억 원을 출자하였다. 농민들은 사라진 밀 씨앗을 찾아 종자를 확보하여 밀농사를 시작하였고, 운동 본부는 밀을 가공하여 소비자 단체를 중심으로 판매에 들어갔다. 우리밀 살리기 운동은 자급률 0퍼센트였던 우리밀을 한때 1만 톤(0.5퍼센트)까지 늘릴 정도로 성공적으로 전개되었다.

김영삼 대통령이 우리밀 국수를 청와대에서 점심으로 먹었다는 뉴스가 나오면서 우후죽순처럼 우리밀 칼국수 가게가 생기기도 하였다. 우리밀 살리기 운동을 계기로 우리콩 살리기 운동, 우리농촌 살리기 운동 등 온갖 살리기 운동이 일어났고, 소비자 운동에서도 생활협동조합운동이 비약적으로 성장하는 등 대안 운동의 시대가 열렸다.

우리밀 살리기 운동은 운동 방식의 대전환이라는 면에서도 중요하지만 그 활동이 경제적 성격을 띠고 있다는 점에도 주목을 받는다. 우리밀 살리기 운동 본부는 우리밀을 역사에서 꺼내어 살려 내는 큰 성과를 거두었지만 생산 조절과 시장 접근이라는 경제 사업 영역에 있어서는 우여곡절을 겪어야 했다.

들불처럼 일어났던 우리밀 살리기 운동은 과잉 생산과 불안정한 소비라는 어려움을 겪으면서 다시 소강상태에 접어들었다. 우리밀은 건강에 좋고 안전하다는 인식은 있었으나 소비자들의 입맛을 사로잡는 데는 한계가 있었고 무엇보다 다섯 배 정도의 가격 차이를 극복하는 것은 애국심만으로는 어려운 일이었다. 품질과 가격은 우리밀 운동의 큰 숙제다.

2000년대 들어 아이쿱생협은 농가들과 직접 계약 재배를 통해 필요한 양만큼을 수매하기 시작했다. 그렇게 생산을 조절해 가며 조금씩 그 양을 늘리고 있었다. 하지만 그 규모는 몇십 톤에 불과하였다. 그러던 것이 2006년부터 매장 사업을 시작하면서 해마다 성장률이 30퍼센트에 이를 만큼 가파르게 성장했고 계약 재배도 획기적으로 늘어나기 시작했다.

우리밀의 시련

2006~2007년도는 세계 곡물 가격이 매우 불안정한 해였다. 전 세계적인 이상기후로 곡물 생산량이 급감한 것이다. 밀 수출국이던 우크라이나와 러시아가 곡물 수출 금지령을 내리기에 이르렀다. 밀을 전량 수입에 의존하던 아랍 국가에서 식료품 가격이 급등하였다. 생활이 어려워진 시민들은 거리로 쏟아져 나왔고, 생활의 어려움은 독재 권력에 대한 분노로 발전하여 혁명으로 이어졌다. 이른바 '재스민 혁명'(2010년 튀니지 국민이 독재 정권에 반대하여 일으킨 반정부 시위에서 시작하여 북아프리카와 중동 일대로 번진 민주화 혁명. 튀니지의 국화(國花) 재스민에서 유래된 명칭)에는 이처럼 국제 밀 가격 급등이라는 배경이 있다.

국제 밀 가격이 3배 이상 오르자 4~5배에 달하던 국제 밀 가격과 국산 밀의 가격이 1.5배 수준으로 줄어들었다. 이러한 사정을 배경으로 새로 들어선 이명박 정부는 '제2 녹색혁명'을 내걸고 국산 밀 장려 정책을 편다. 제1 녹색혁명이 박정희 시절 쌀의 자급을 목표로 했다면 제2 녹색혁명은 겨울 작물인 밀의 자급률 10퍼센트 달성을 목표로 추진되었다.

생산·저장 시설 지원, 연구·개발 분야 지원, 소비 확대 등의 정책이 추진되었으나 정부가 목표로 내건 10퍼센트 자급률 목표는 달성되지 못했다.

국산 밀이 가장 많이 생산되었던 2013년도에 4만 톤을 정점으로 국산 밀은 과잉과 과소 생산을 거듭하며 생산 소비의 불균형을 극복하지 못하였다. 국민 한 사람이 1년에 밀 33킬로그램을 소비한다. 쌀은 64킬로그램을 소비한다. 연간 200만 톤의 밀이 식용으로 소비된다. 그러나 가장 많이 생산될 때도 자급률은 2퍼센트대에 머물렀다. 소비는 1퍼센트대에 머물러 있다. 생산과 소비의 불균형에서 비롯된 과잉 재고 문제는 국산 밀 산업의 발목을 붙잡았다. 국산 밀 수매 업체들의 고통은 이만저만이 아니었다.

주정용 전환, 군납 등의 대책들이 추진되었지만 과잉 재고에 따른 계약 재배 축소 등으로 이미 생산이 크게 위축된 상태였다. 그 결과 2014~2015년 국산 밀 생산량이 크게 줄어 재고가 바닥이 나 버렸다.

그러자 다시 생산이 독려되었고 2016~2017년 사이에 국산 밀 생산량은 급증하여 또다시 재고 처리 문제가 대두되었다.

이 시기에는 특히 백중밀이라는 다수성 품종(생산량이 많은 품종)이 농가에 급속하게 확산되었는데 이 품종은 농가 입장에서는 수확량이 많았지만 단백질 함량이 적어 가공 적성(빵이 잘 부풀거나 국수가 쫄깃하게 만들어지는 성질)이 떨어지는 문제를 안고 있었다. 재고량 급증에 품질 저하까지 이 시기는 국산 밀 최대의 위기 상황이었다. 수매 가공업체들의 고통도 컸지만 생산 농가들도 계약을 하지 못해 밀 생산 단지가 기능을 하지 못하는 상황에 이르렀다.

하지만 이 시기에 아이쿱생협은 품질과 생산 조절 측면에서 중요한 정책들을 추진한다. 가공 적성이 떨어지는 종자를 퇴출시키고 단백질 함량 검사 제도를 도입함으로써 밀 원곡의 품질 관리 체계를 갖춘다. 이와 함께 생산량 중심의 계약 재배를 통해 과잉 생산을 막고, 대신 1년 3개월~1년 6개월 분량의 재고 관리를 통해 생산량이 떨어지는 해에도 대비할 수 있는 정책을 갖춘다. 아울러 저온 저장을 통해 안전성과 품질을 높이기 위한 시스템을 갖추어 나갔다.

이러한 노력은 국산 밀 수매 업체 대부분이 농가와 계약을 포기할 상황에서도 꾸준히 계약량을 높일 수 있는 바탕이 되었다. 2018~2019년도에는 아이쿱생협의 수매량이 전체 국산 밀 수매량의 절반인 5,000톤을 차지할 정도로 생산, 수매, 소비가 안정되었다.

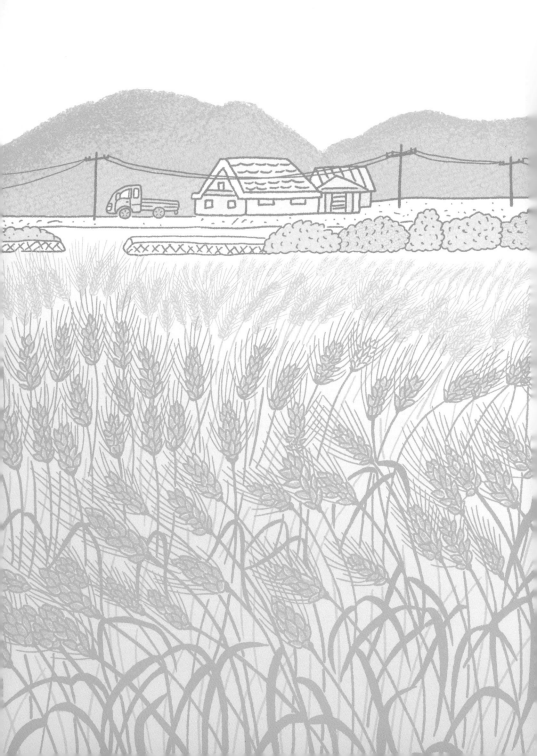

그 사이 정권이 두 번 바뀌었다. 코로나 팬데믹은 지구가 위기에 처했음을 실감하게 했다. 또한 식량 안보의 중요성을 환기하게 되었다. 이는 주요 곡물의 자급률 확대라는 정책으로 이어졌고 밀은 다시 한번 주목받는 작물이 되었다.

나의 밀농사

부안에서 밀농사를 시작한 것은 우리밀 살리기 운동과 때를 같이한다. 처음에는 운동으로 시작해서 2000년대에는 우리밀농협, (주)우리밀, 아이쿱생협 등과 관계를 맺으며 생산을 확대해 갔다. 2011년 부안 관내에서 밀을 재배하는 농가가 모여 '부안군우리밀영농조합법인'을 설립하였다.

부안 역시 생산 과잉과 과소를 거듭하며 불안정한 시대를 함께하지 않을 수 없었다. 그 과정에서 다른 거래처들을 모두 정리하고 현재는 아이쿱생협의 핵심 산지로 자리 잡았다. 아이쿱생협이 추진한 품질, 계약 재배 정책을 함께했다. 국산 밀이 다시 위기에 처하고 문재인 정부가 다시 한 번 국산 밀 자급률을 10퍼센트까지 올린다는 목표로 정책을 추진했을 때, 우리는 그동안의 정책적 경험과 생산 경험을 총동원하여 정부의 밀 산업 정책이 꼭 성공하기를 바랐다.

밀은 가을에 심고 봄에도 심는다. 밀에는 딱딱한 밀과 연한 밀이 있다. 붉은색을 띠는 밀과 흰색을 띠는 밀이 있다. 밀 품종은 이러한 3가지 특성을 교차하여 만들어진다. 금강밀과 새금강밀은 호남 지역에서, 조경밀과 백강밀은 영남 지방 기후에 맞게 개발되었으나 조경밀이나 백강밀을 호남 지방에 심어도 크게 문제 되지는 않는다.

쌀은 도정하여 알곡 상태로 밥을 해 먹지만 밀은 대부분 밀가루로 만든 뒤에 음식을 만들어 먹는 과정을 거친다. 밀가루는 용도에 따라 빵과 중화면을 만드는 강력분과 면을 만드는 중력분, 케이크나 과자를 만드는 박력분 등 3가지로 나뉜다. 국산 밀도 용도에 따라 조경밀이나 황금알은 빵용, 금강밀이나 새금강밀은 국수용, 고소밀은 과자용으로 개발되었다.

2020년에 밀농사는 대흉년이었다. 겨울 날씨가 평년보다 1도 높았던 것이다. 1도 높은 겨울은 밀을 예년과 같은 시기에 10센티 이상 더 빠르게 자라게 하였다. 그 결과 이삭이 일찍 형성되었는데 3월 말에서 4월 초에 밀 잎 속에서 피어나기를 기다리던 이삭들은 서리가 내린 어느 날 검게 얼어 죽어 버린다. 4월 말 죽은 검은 밀 이삭이 피어났다. 이 사건을 계기로 밀농사의 기본 매뉴얼이 재정비된다.

10월 25일경이던 씨 뿌리는 시기를 1주일 이상 늦추도록 하였다. 지금은 11월 초가 적기이다. 밑거름 비료의 사용량을 절반으로 줄이고 인산질 성분을 높게 하여 겨울에 밀이 웃자라는 것을 방지하였다. 뿌리는 방법도 조파를 권장한다.

씨 뿌리는 방법은 두 가지이다. 하나는 흩어 뿌리는 산파이고 또 하나는 줄줄이 뿌리는 조파이다. 파종량은 1,200평당 산파가 80~90킬로그램 정도, 조파는 종자를 50~70킬로그램 정도 심는다. 논에서는 폭 30센티 정도의 골을 1.5~2미터 간격으로 따 주고 물길을 배수구까지 연결하여 물 빠짐을 좋게 해 주어야 한다. 밭에서는 특별히 골을 내지 않아도 된다.

밀 재배 초기에는 종자를 손으로 뿌렸는데 최근에는 트랙터 부착용 비료 살포기로 종자를 뿌리기도 한다. 이렇게 작업을 하려면 경험 있는 노련한 기술자가 필요하다. 1,200평에 종자 80킬로그램을 최대한 골고루 뿌릴 수 있어야 하기 때문이다.

겨울을 지낸 밀에 2월 하순경 웃거름을 준다. 밀의 거름은 관행 재배의 경우 화학 비료를 사용하는데 연구기관에서는 밑거름을 3분의 1, 웃거름을 3분의 2 정도 주도록 권장한다.

부안군우리밀영농조합법인은 2020년도에 국산 밀 맞춤 비료를 제조하여 사용하고 있다. 맞춤 비료는 질소, 인산, 가리, 고토, 붕소의 양을 15-24-12-3-0.3으로 만들었으며 1,200평당 8~10포를 권장하였다. 웃거름은 요소를 55~60킬로그램 정도 사용하거나 유기질 비료인 N-K 복합 비료를 85~90킬로그램 정도 사용하도록 하였다.

밀의 단백질 함량은 질소질이 좌우하는데 단백질 함량을 높이기 위해 4월 말에서 5월 초에 웃거름을 한 번 더 사용한다. 6월 10일경부터 수확이 가능하다. 밀은 완전히 영글고 이삭이 고스러졌을 때 수확해야 우수한 밀을 얻을 수 있다.

밀은 수매 가격이 정해져 있는 거의 유일한 작물이다. 수확기 밀 가격은 파종기에 결정된다. 아마도 밀농사의 가장 큰 매력은 이것이 아닐까 싶다. 밀의 수매가는 생산자와 수매 업체의 협약에 의해 결정된다. 국산 밀산업협회가 그 역할을 해 왔다.

국산 밀산업협회는 생산 농가 대표와 수매 업체가 참여하여 다양한 밀 관련 정책들과 가격을 협의해 나가는 기구로, 2009년 만들어졌다. 여기에는 식량과학원 밀 연구팀도 결합하여 밀 생산 정책에 대한 논의를 함께하고 있다.

가격을 알면 농민들은 생산에만 전념할 수 있다. 같은 시기에 재배되는 보리나 조사료는 가격이 정해져 있지 않다. 수확 시 생산량에 따라 가격이 큰 폭으로 움직인다. 비쌀 때와 쌀 때의 가격 편차가 3배까지 벌어지기도 한다. 하지만 밀은 과잉과 과소 생산이 거듭되는 어려운 가운데에도 가격에 대한 합의가 깨지지 않았다. 이것은 밀 생산 농가나 수매 업체들의 굳은 결의 없이는 불가능한 일이었다.

나에게 밀은 숙명이자 사명의 작물이다. 나의 농업 수익에서 밀농사가 차지하는 비중은 크지 않다. 하지만 나의 농업 관련 활동의 절반 이상이 국산 밀과 관련된 것이며, 나의 개인 농사 이외에 가장 많은 투자를 한 곳도 부안군우리밀영농조합법인이다. 2013년부터 아이쿱생협 밀 품목위원장을 맡아 생협의 밀 정책을 만들고 실행하는 데 주어진 역할을 했고, 해마다 10여 차례 전국을 다니며 소비자 간담회를 했다.

때로는 밀의 역사를 발굴하기 위하여 시중에는 없는 자료를 찾아다녔고, 2013년에는 일본 밀 정책을 알아보기 위해 생협 생산자들과 5박 6일간의 홋카이도 연수를 다녀오기도 했다. 이 과정에서 나는 우리밀이 나라로부터 버림받기도 하고, 여러 시련을 겪고도 끝내 끊어지지 않고 이어지는 질긴 생명력을 갖고 있다는 점에서 우리 민중의 역사와 참으로 많이 닮았다는 것을 느꼈다. 이런 까닭에 나는 가끔 밀에 관한 이야기를 하다가 울컥 올라오는 짠한 슬픔을 느끼곤 한다.

이러저러한 사정을 감안하건대 앞으로도 상당 기간을 국산 밀과 보내야 할 것 같다. 그러려고 한 것은 아닌데 그리된 숙명적 인연이다. 나는 정부의 국산 밀 정책이 꼭 성공하기를 바란다. 적어도 밀 자급률 10퍼센트가 이루어질 때까지 머리도 쓰고 몸도 써 볼 작정이다. 나의 사명이다.

부안군우리밀영농조합법인의
시련과 영광

부안군우리밀영농조합법인(우리밀법인)은 2011년에 설립되었다. 부안 관내의 12개 읍면에서 밀을 재배한 농가들이 모두 모였다. 설립 당시에는 240명이 회원으로 가입했고 그동안 130명이 더 가입하여 현재는 조합원이 370명이다. 임원은 8명이다. 2019년부터 2023년까지 4년 동안 내가 대표이사를 했다.

우리밀법인은 밀을 생산하고 유통하는 품목협동조합이다. 가장 품질이 좋은 밀을 생산하여 소비자에게 전달하는 것을 목적으로 한다. 좋은 밀이란 일정한 성분을 고르게 가지고 있는 균일한 밀을 뜻한다. 연중 고른 품질의 밀가루를 만들 수 있는 밀을 생산하는 일은 개인이 할 수 없는 일이라고 생각한다. 생산하는 개인들의 목표와 방향을 설정하고 끌어내는 일은 오로지 협동을 통해서만 가능하다는 것이다.

앞에서 이야기했듯이 2010년부터 2020년까지 우리밀은 롤러코스터와 같은 부침을 거듭하였다. 1퍼센트밖에 안 되는 밀이 과잉 생산과 과소 생산을 거듭한 것이다. 특히 2014년부터 보급된 백중밀로 인해 생산과 소비의 불균형은 극에 달하였다. 백중밀은 박력분용 밀가루로서 단백질이 적게 들어 있어 국수나 빵을 만들기에는 적합하지 않다. 하지만 금강밀이나 조경밀에 비해 수확량은 20퍼센트 이상 많아서 농가들은 백중밀 재배를 선호하였다. 그 결과 용도가 마땅치 않은 밀이 대량으로 쌓이게 되었다.

2016년 우리는 중요한 결단을 내려야 했다. 밀 재배 계약 방식을 전면적으로 바꾸는 작업이었다. 그동안 면적 비례로 계약하던 것을 생산량 계약 방식으로 바꾸었다. 생산량이 계약량을 초과할 경우 농가가 책임지기로 하였다. 수매 과정도 더 엄격해졌다. 단백질 검사와 육안 검사를 적용하여 등급제를 도입하였다. 수분 관리도 더 엄격해져야 했다.

2016년 여름, 밀을 수확하고 수매하는 과정에서 많은 어려움이 있었다. 수분과 등급에 불만이 있는 농가들과의 마찰은 피할 수 없었다. 하지만 원칙을 지켜야 한다는 우리의 절박함이 더욱 컸다. 다행히 한 번으로 모든 질서가 정리되었다. 꿋꿋하게 견지한 원칙은 결과적으로 농가들에게 큰 믿음을 주었다. 저렇게 해야 우리 모두 내년에 밀농사를 지을 수 있다는 공감대로 농가들은 다시 모였다.

생산량 중심의 계약 방식의 결과는 책임질 수 없는 과잉 생산을 막았고, 엄격한 수매 관리 이후 품질이 좋아지니 소비도 이어졌다. 이러한 성과에 힘입어 2017~2019년까지 다른 수매 업체들이 계약을 못할 정도로 재고 때문에 어려움을 겪을 동안 우리는 꾸준히 계약량을 늘려 가며 밀농사를 지을 수 있었다.

2020년 「밀산업 육성법」이 만들어졌다. 앞에서도 말했듯이 문재인 정부는 '밀산업 발전 5개년 계획'을 세우고 자급률을 10퍼센트까지 올려 보자는 목표를 설정하였다. 부안군우리밀법인은 부안군과 부안을 밀 산업의 주요 거점으로 만들어 가자는 데 합의하고 '국산 밀 자급도시 만들기 5년 계획'을 세운다. 밀 수매제도 부활했다.

이러한 여건 변화에 힘입어 법인의 밀 생산량이 2023년에는 3,200톤까지 늘어났고 저장 시설도 확충하였다. 무엇보다 맞춤 비료를 만들어 비료 사용량을 줄이고, 파종 시기를 조절하여 겨울철 웃자람을 방지하는 등 생산 방법을 혁신하면서 생산성을 높여 나갔다.

저장 시설을 확충하는 데는 21억 원이 들어갔는데, 이 중 자부담금이 7억여 원이었다. 법인은 이 자부담금을 2021년부터 2025년까지 5년 동안 매년 수매 시 밀 한 가마당 2,000원의 사업준비금을 떼어서 충당하기로 하였다. 회원들은 흔쾌히 동의해 주었고 현재 시설을 위해 빌린 외부 채무는 모두 상환하였다. 원칙을 지키는 조직은 신뢰를 얻는다.

부안 지역에 밀가루를 이용하는 식당에 국산 밀을 공급하는 사업도 추진했다. 슬지네 찐빵, 해물짬뽕, 거상 등에 밀가루를 공급하고 있다. 생협에서 만드는 밀 제품을 부안군민들도 먹을 수 있도록 부안 로컬푸드 매장에 생협 제품을 판매하는 협약도 진행하였다. 젊은 농부 40여 명이 이때 조합원으로 가입하였다.

이런 성과를 바탕으로 부안군우리밀법인은 2022년 제1회 국산 밀 우수단지 시상식에서 대상을 수상하였다. 회원 농가들이 똘똘 뭉쳐 노력한 결과였다. 협동의 과정은 어렵지만 그 열매는 달다.

농사를 돕는 기관들을
만나 보자

농업 관련 기관 중 가장 쉽게 떠오르는 건 농협일 것이다. 농업협동조합(농협)은 1958년에 설립되었고 1인 1표 의결권이 있는 협동조합이다. 농업에 필요한 자금을 조달하는 금융 기관 역할과 농산물 판매(하나로마트), 자재 구입 등 가입 농민(조합원)의 경제활동 지원과 관련된 사업을 하고 있다. 우리나라 농협은 규모가 아주 커서 국제협동조합연맹(ICA)에 가입된 농업 관련 협동조합 중 세계 1위라고 한다(2016년 기준). 한때 농협은 금리가 너무 높았던 문제와 간접 선거로 선출된 조합장이 권력을 함부로 휘둘러 민주화 투쟁의 대상이기도 했었다. 수많은 농민들이 농협에 진 빚을 갚지 못해 극단적인 상황에 내몰리기도 했다. 하지만 조합장 직접 선거 제도가 실시되고, 김대중 정부 시절 농가 부채가 해결되면서 농협은 농민의 품으로 돌아왔다. 구멍가게조차 모두 사라진 시골에서 농협은 농민들에게 산소 같은 존재이다. 은행에 볼일이 많은 사람은 한적한 시골의 지역농협을 찾아가면 여유 있게 여러 가지 금융 관련 업무를 볼 수 있다.

정부 기관 중 농업과 축산업, 농지와 식품산업, 유통 등을 관장하는 부서는 농림축산식품부이다. 농림부에서 농림수산부, 농림수산식품부, 농림축산식품부로 이름이 바뀌고 업무가 조정되었으나 제일 앞의 '농' 글자는 변함이 없다.

농림축산식품부 산하에는 농촌을 더 잘살게 하기 위한 다양한 연구와 농업인과 농촌지도자 교육 등을 주관하는 농촌진흥청이 있다. 시기별로 해야 할 일들과 농사 기술을 알려 주고 기후 변화에 대응하는 여러 방법을 집중적으로 연구하는 기관이기도 하다. 이명박 정부 때 농촌진흥청을 축소하려는 계획이 서자 전국 각지의 농민들이 벌떼처럼 일어나 반대의 목소리를 높였다.

국가 기관에서 유전자를 연구하고 종자를 개발하여 농가에 보급하는 나라는 많지 않다. 비록 식량의 상당 부분을 수입에 의존하고 있지만 한국의 농업 기술이 국제적 수준에 있는 것은 부정할 수 없다.

이런 농촌진흥청 산하에는 연구 기관이 여럿 있다. 이름을 보면 주로 어떤 것을 연구하는지 짐작할 수 있을 것이다. 국립농업과학원은 농업 환경과 농촌 자원, 농산물 안전성, 농업용 에너지와 자동화, 유전자 관련 연구, 국립식량과학원은 식량과 사료 작물 품종 개량, 재배법 개선 등을 연구한다.

국립원예특작과학원은 채소와 과일, 꽃, 약초 및 버섯 등을 연구하는데, 온난화대응농업연구소가 이 기관 산하 조직으로 기후 변화에 대응하는 연구에 집중하고 있다. 제주도에 있다. 국립축산과학원은 가축을 안전하고 지속 가능하게 기를 수 있는 기술과 유전자 다양성 등을 연구한다. 농민 교육과 농촌 지도자 교육 등을 연구하고 책임지는 농촌인적자원개발센터도 있다.

친환경 농산물 인증, 농산물 품질 관리, 우수 관리 인증 등은 국립농산물품질관리원(농관원)에서 맡고 있다. 농관원은 이를테면 농업 감찰 기관이다. 농수산물 원산지 표시 등 각종 농산물 유통 관련 사법 처리 권한을 가지고 있다. 농산물 인증은 현재 민간 인증기관이 맡고 있으며 농관원은 관리 감독만 한다. 최근 농관원은 농가 자격증이라 할 수 있는 경영체 등록 업무를 맡고 있기도 하다. 농업 경영체 등록증은 농가가 경영하는 농지와 심는 작물 등이 기록된 카드로, 각종 직불금 지급의 근거가 되는 중요한 문서이다.

농민에게 더 가깝게 느껴지는 기관은 특별시와 광역시, 시군 직속 기관으로 농업 기술과 농촌 생활과 관련된 전반적인 기술과 정보를 알려 주는 기관인 농업기술센터일 것이다. 1998년 10월 이전에는 농촌지도소였다. 자주 이용하는 농기계 임대도 이 기술센터의 산하인 농기계임대사업소에서 주관한다. 각 시도별로 농업기술센터에서 농촌과 농업을 체험하는 교육도 하고 있으니 궁금한 사람은 가까운 농업기술센터를 찾아보아도 좋겠다. 귀농을 계획하고 있는 분이라면 가까운 농업기술센터를 찾아 연관된 정보를 얻을 수 있다.

농림축산식품부 산하는 아니지만 농업과 밀접한 연구 기관이 여럿 있다. 그중 한국농촌경제연구원은 농업 생산과 연관된 각종 정책들과 국내외 농촌, 농민 관련 정책을 연구하는 곳으로, 국무총리(국무조정실) 산하 경제인문사회연구회 소관의 기타 공공기관이다. 1978년 4월 설립되었다.

과학기술정보통신부 산하 국가과학기술연구회 소관의 공공기관인 재단 법인 한국식품연구원도 알아 두면 좋다. 농산물·임산물·축산물·수산물 등의 처리·저장·가공 기술을 개발·보급하여 식품 산업의 기술 기반을 향상시키기 위한 노력을 하는 곳이다. 세계김치연구소가 이 기관의 부설 기관이다.

농업용수를 관리하던 농지개량조합과 농지를 관리하는 농어촌진흥공사가 통합하여 만들어진 농어촌공사도 농민과 뗄 수 없는 관계이다. 농어촌공사는 소유하고 있는 농지를 일정한 조건으로 농민들에게 임대를 해 주거나 장기 저리로 대출을 해 주어 농민들의 농지 매입을 도와주는 농지 은행 업무를 한다. 최근에는 농지 대부분을 청년 농업인에게 우선으로 임대해 주고 있다. 귀농을 꿈꾸는 청년이라면 도움을 받을 수 있다.

땅과 작물과
사람이 행복한
농사

4

필수적인 물 빠짐과 수분 유지를 위해 인류는 맨 먼저 구덩이를 팠고, 이 구덩이를 길게 연장하여 이랑과 고랑을 만들기 시작했다. 이러한 이랑과 고랑을 보다 효과적으로 만들기 위해 발명한 최초의 농기구가 보습이고, 이 보습을 동력에 연결한 것이 쟁기이다. 이 보습과 쟁기는 지금까지도 그 원형이 고스란히 남아 트랙터에 부착하는 쟁기와 로터리 및 각종 작업기들이 모두 여기에서 파생된다. 최첨단의 무인 AI 자동주행 트랙터도 1만 5천 년 역사의 유물을 끄는 수단일 뿐이다.

한 걸음 더

나는 농사에서의 협동이 좋은 결실을 이루는 데 강력한 힘을 발휘한다고 확고부동하게 믿는다. 협동의 최종 목표가 높을수록, 결실의 분배가 공정하면 할수록 협동은 더욱 큰 힘을 발휘한다. 언젠가 개별로 생산한 농산물을 공동으로 판매하거나, 혼자 하기 어려운 일을 함께하는 두레와 같은 협동 노동을 넘어서 생산 수단과 결과물을 공유하는 수준의 협동 농사를 해 보고 싶었다. 이러한 수준의 협동 농사는 몇 차례의 비슷한 시도가 있었으나 그때마다 결과가 좋지 않아 다음으로 이어지지 못했다. 하지만 생각이 있으면 기회는 온다. 그 기회는 우연하게 찾아왔다.

2021년 가을에 비가 많이 내렸다. 코로나는 기승을 부렸고 세상은 우울했다. 잦은 비는 가을 작물을 심어야 하는 우리를 괴롭혔다. 여기서 '우리'는 3명이다. 친환경 영농법인, 우리밀영농법인, 생협 생산자회에도 참여하고 있는 김진원 형과 제구현 친구다. 김진원 형과는 30년 동안 부안에서의 농민 운동을 함께해 온 각별한 사이이기도 하다. 여러 조직을 함께하면서도 좀 더 '생각의 방향이 맞는다는 느낌이 드는' 사람들이다.

마늘은 9월 말에서 10월 초에, 양파는 10월 말에서 11월 초에, 봄 대파도 양파와 비슷한 무렵에 심는다. 그런데 잦은 비 때문에 마늘을 심을 수 있는 배수가 좋은 땅을 개인별로 찾기 어려웠다. 같은 문제를 안고 있는 3명이 머리를 맞대고 고민한 끝에 마늘, 양파 농사를 함께 지어 보기로 했다. 그렇게 되면 배수 좋은 땅을 모아 마늘을 먼저 심고, 배수가 안 좋은 땅은 좀 기다렸다가 양파를 심으면 된다.

그러다 보면 땅이 서로 바뀌게 된다. 땅이 바뀌면 계산해야 할 것이 많다. 임대료, 직불금뿐 아니라 토질에 따른 생산량 차이를 계산할 방법이 없었다. 이 문제를 해결하기 위해 찾은 방법이 협동 농사였다. 토지, 농기계, 자본을 통합하고 함께 일하며 결과를 분배한다는 방안이었다. 그리되면 바뀌는 땅의 차이 때문에 발생하는 결과 계산이 3분 1로 간단하게 해결되는 것이었다.

일단 대략 협동 농사를 하기로 하고 자세한 것은 해 나가면서 풀어 보기로 했다. 계산을 하고, 결론을 내고 일을 시작하기에는 시간이 없었다. 종자와 모종을 준비하고, 어떤 거름을 쓸 것인지 결정하고 밭을 갈고 놉(일꾼)을 얻고 하는 준비 과정과 비닐을 씌우고 마늘과 양파를 심는 일의 마디마디마다 우리는 토론을 했다.

평생 이렇게 사소한 주제로 이처럼 긴 시간을 토론해 보기는 처음이다. 이러한'토론은 우리에게 매우 유익한 것이었는데 닥친 문제가 어려울수록, 관련된 토론도 깊었다. 마을을 어떻게 심을 것인가에 대한 토론이 그 어떤 토론보다 더 진지하고 재미있다는 것은 참 놀라운 일이다.

한편 이 무렵 아이쿱생협은 해양 심층수에서 분리한 농축 미네랄을 이용한 '탄소치유농법'으로의 전환을 준비하고 있었다. 2021년 9월 7일 괴산에서 열린 탄소치유농법 연수는 작물의 성장 원리와 농사 기술에 관해 목말라하던 우리들의 마음에 불을 지르는 사건이었다.

이 연수는 우리가 그동안 해 온 농사 방법을 전면적으로 바꾸는 계기가 되었다. '탄소치유농법'은 그동안의 농사에서 경험했던 성공과 실패의 원인을 알 수 있게 해 주었다. 토양, 퇴비, 비료, 병해충, 미생물 등등, 농사를 구성하는 여러 구슬들이 미네랄이라는 구슬을 통해서 하나로 연결될 수 있다는 유기농의 새로운 단계가 열리고 있었다. 우리는 바빠졌다.

유기 농업의 새로운 전환,
탄소치유농법으로

　　미세플라스틱은 바닷물을 포함한 지구 표면 대부분의 물에서 발견된다. 심지어 사람의 발길이 닿지 않은 깊은 산속 물에서도 발견된다. 생협은 건강한 먹거리를 추구하는 사람들의 모임인데 이들로부터 미세플라스틱이 들어 있지 않은 소금을 공급해 달라는 요청이 있었다. 그래서 찾은 수원이 해양 심층수이다. 육지의 물이 지표수와 지하수로 나뉘듯이 바닷물에도 지하수와 같은 심층수가 있다.

　　해양 심층수에서 추출한 소금이 깊은바다 소금이다. 소금을 추출하고 나면 많은 물이 나오는데 이 물도 미세플라스틱이 없을 뿐 아니라 다양한 미네랄을 함유한 기능성 청정수이다. 이 물을 플라스틱병이 아닌 종이팩에 담아 공급하는데 이것이 깊은물이다.

　　그런데 소금과 물을 분리하고 난 뒤에도 남는 물질이 있다. 여기에는 많은 종류의 미네랄이 이온화되어 들어 있는데 이것을 농축한 것이 해양 심층수 미네랄이다. 이 미네랄의 발견은 아이쿱생협의 농산물 생산 방식을 전면적으로 바꾸는 계기가 된다.

　　한편 아이쿱생협은 건강한 먹거리를 나누는 생활협동조합에서 생애 모든 주기의 건강한 삶을 추구하는 라이프 케어 조직으로의 전환을 준비하고 있었다. 특히 전 국민의 35퍼센트가량이 걸리는 암으로부터 자유로울 수 있는 먹거리 체계와 의료 체계를 갖추는 데 많은 투자를 하고 있다. 암을 극복할 수 있다면 대부분의 성인병을 극복할 수 있다는 점에서 암의 예방과 치료가 가능한 시스템을 만드는 것을 단기간의 목표로 삼게 된 것이다.

농산물에 들어 있는 '파이토케미컬'이 암을 예방하고 치료하는 데 중요한 역할을 하며, 미네랄은 파이토케미컬의 형성에 깊은 관련이 있다. 해양 심층수를 농축하여 만든 깊은물 미네랄은 사용 방법에 대한 다양한 실험을 거쳐 생협에서 생산되는 모든 농산물에 적용되었다. 그리고 이 농법을 '탄소치유농법'이라 부르기로 했다.

파이토케미컬은 식물이 자신을 보호하고 치료하기 위해 스스로 생산하는 치유 물질이다. 위험을 피해 도망갈 수 없는 식물이 병해충이나 동물로부터 자기 보호를 위해 만들어 내는 방어용 무기이다. 동물은 이 물질을 만들어 내지 못하며 식물로부터 공급받는다. 약성 식물 즉 약초는 이 파이토케미컬이 많이 들어 있는 식물이다. 대표적인 것이 산삼이나 인삼이고, 삼의 파이토케미컬이 사포닌이다.

이 파이토케미컬은 약초뿐 아니라 채소나 과일, 곡물에도 들어 있다. 좋은 채소만 많이 먹어도 암에 걸리지 않을 수 있으며 암에 걸리더라도 치유가 가능하다. 이러한 채소와 곡물을 생산할 수 있다면 암의 예방과 치료에 새로운 길이 열리게 된다.

2021년 9월 7일 이후 탄소치유농법은 우리의 화두가 되었다. 그 목표는 파이토케미컬이 많이 들어 있는 항암 식품의 생산이었다. 다만 문제는 미네랄을 많이 뿌린다고 해서 예상한 결과가 나오는 것은 아니라는 점이었다. 여기에는 좀 더 복잡한 공식이 들어 있고 그 공식의 대부분은 변수로 채워져 있었다.

이 변수를 상수로 만드는 것은 연구자들뿐만 아니라 현장에서 직접 농사를 짓는 생산자들의 일이기도 했다. 2년 동안 마늘, 양파, 대파, 벼, 밀 등 우리가 짓는 농작물을 대상으로 다양한 방법과 노력을 기울이며 탄소치유농법을 실험해 나갔다. 공교롭게도 같은 시기에 우리는 살림을 합치는 수준의 협동 농사를 시작하게 되었다. 탄소치유농법에 대해서는 여러 견해가 있을 수 있다. 유일한 방법이라고 주장하는 것도 아니다. 다만 이 원리를 통해 우리가 농사지은 과정과 결과에 대해 기록하고자 하는 것이다(현재 탄소치유농법이라는 명칭이 너무 넓은 범위를 포괄하는 개념이어서 유기농 항암 농법으로 명칭 변경을 고려 중이다).

토양 만들기

농사의 결실은 밭 만들기에서 판가름 난다. 토양의 성질과 양분의 양을 가늠하기 위해 토양 시비 처방서를 이용하는데, 이것은 지역마다 있는 농업기술센터에서 무료로 검사를 해 준다. 시비 처방서에는 심고자 하는 작물과 토양의 상태에 따른 기본 시비량이 제시되어 있다. 이것을 토대로 사용할 퇴비, 유박, 구아노와 같은 비료의 종류와 양을 결정하고 날을 잡아 밭에 고루 뿌린다. 탄소치유농업은 여기에 해양 심층수 이온 미네랄을 뿌려 준다.

그런데 2021년에는 미네랄의 생산량이 적어 마늘, 양파를 심기 전에 미네랄 공급이 어려웠다. 꿩 대신 닭으로 바닷물을 넣기로 하였다. 평당 1리터 정도의 바닷물을 뿌려 주었다. 바닷물은 격포에서 수산물 가공업을 하시는 김현채 형님의 공장에 있는 수조에서 받아 왔다. 농업기술센터에서는 미생물을 배양해서 저렴하게 공급해 주기도 하는데 이 미생물도 함께 뿌려 주었다. 그리고 통상적으로 넣던 유박의 양을 절반 가까이 줄였다.

유박은 기름을 짜거나 술을 빚을 때 나오는 부산물로, 기름 이외의 양분이 많이 남아 있어서 비료로 사용하는 자재이다. 질소가 3.5~4퍼센트 정도 들어 있다. 질소 성분이 화학 비료의 5분의 1 정도인데, 많이 넣으면 작물이 웃자라 병에 걸리기 쉬워진다. 구아노는 새똥으로 만든 비료이다. 인적이 없는 섬이나 해안가에 수만 년간 퇴적된 새똥, 해초류, 각종 사체 등이 수백 미터의 높이로 쌓여 만들어지는 고급 자재이다.

유기 농업에서 핵심적인 원리 중 하나가 작물을 건강하게 기른다는 것이다. 작물이 건강하게 자라려면 양분과 미네랄이 고르게 공급되어야 한다. 더욱이 파이토케미컬이 더 많이 들어 있는 농산물을 길러 내기 위해서는 양분의 균형이 매우 중요하다. 질소질이 많이 들어가면 작물은 크게 자랄지 모르나 쉽게 병에 걸리고 그 결과물도 일부 성분이 편중되어 있게 된다. 겉은 크고 멀쩡할지 몰라도 알맹이가 부실한 먹거리가 생산성 향상이란 목표 아래 일방적으로 만들어지게 된다.

유기농의 목표가 알맹이가 실한 먹거리를 만들어 내는 것이라면, 실한 먹거리를 넘어서 음식이자 약이 되는 농산물을 만들어 내는 것이 탄소치유농업의 목표이다. 목표에 접근하려면 농사의 더 본질적인 물음에 대한 답을 준비해야 한다. 흙에 대한 이해로부터 그 답을 찾아간다. 흙의 물리, 화학적 성질, 그 속에 살고 있는 미생물들의 역할, 양분의 이동 방식, 미네랄의 작용 등 공부하고 연구해야 할 것이 엄청 많아졌다.

식물이 건강하게 자라기에 적합한 토양을 만드는 일은 토양 속에 미생물 집단이 왕성하게 활동하는 건강한 생태계를 만드는 것이 핵심이다. 마늘, 양파밭에 2021년에는 200평 한 마지기에 펠렛 퇴비 20포, 섞어 띄움비 5포(인산질 보충용), 균사체 5포를 넣고 바닷물 원액을 평당 1리터, 미생물은 10배액을 평당 1리터씩 넣어 주었다.

2022년에는 마늘, 양파를 심을 밭에 미리 수단그라스라는 녹비 작물을 심어 키운 뒤 잘라서 갈아엎는 작업을 추가하였다. 녹비 작물은 주작물과 다른 과의 작물을 미리 심어 키운 뒤 땅속에 넣어 비료의 역할을 하도록 하는 작물로, 뿌리가 깊게 뻗고 가지와 잎이 무성하며 키도 커서 작물체의 총량이 많은 식물을 사용한다. 여름철에는 수수와 같은 과인 수단그라스를, 겨울철에는 콩과 작물 헤어리베치를 주로 사용한다. 자운영이나 호밀도 좋은 녹비 작물이다.

이처럼 토양 만들기는 농사에 있어서 가장 중요한 작업의 과정이며 농사의 최종 결론인 농산물의 수확량과 품질에 결정적인 영향을 미친다. 최대한 과학적이고 날씨와 미생물의 활성 기간까지 고려하여 정성을 다해 치밀하게 준비해야 하는 이유다.

이랑과 고랑 만들기

토양 만드는 작업이 끝나면 밭을 곱게 갈아 준다. 트랙터에 '로타베이터'라는 작업기를 붙여 저속으로 움직이며 밭의 표면이 매끄럽고 흙덩어리가 잘게 부서지도록 한다. 써레질을 하는 것이다.

다음으로는 작물을 재배하기 위해서는 흙을 작물이 잘 자랄 수 있는 형태로 모양을 만들어 주는데 이럴 때 생기는 것이 이랑과 고랑이다. 이랑은 흙을 모아 높인 윗부분을 일컫는 말이고 고랑은 낮은 부분이다.

이랑과 고랑이 만들어지는 시기는 인류가 농사를 시작한 시점과 일치한다. 이랑과 고랑은 최초의 농사 기술인 구덩이 농법에서 유래한다. 농업은 수렵, 채취로는 먹거리 조달이 어려운 지역, 계절 변화가 뚜렷한 지역에서 시작되었고, 온도와 수분 유지를 위해 구덩이를 파고 그 속에 작물의 씨앗을 심는 것으로부터 시작되었는데 이것이 구덩이 농법이다.

농사에서 가장 기초적인 것은 살고 죽는 것이다. 살고 죽는 것을 결정하는 요소는 물과 기온이다. 기온은 작물의 심는 때를 결정하는 요인이다. 때를 알고 철이 든다는 것은 내가 먹은 작물의 씨를 뿌리고 거두는 시기를 안다는 것이다. 그래서 철이 없으면 굶어 죽게 된다. 작물을 심고 난 뒤 생사를 결정하는 것은 수분이다. 수분은 너무 많아서도 안 되고 너무 적어서도 안 된다. 일정한 수분, 혹은 최대 수분과 최소 수분을 유지하기 위해 인류는 맨 먼저 구덩이를 팠고, 이 구덩이를 길게 연장하여 이랑과 고랑을 만들기 시작했다.

이러한 이랑과 고랑을 보다 효과적으로 만들기 위해 발명한 최초의 농기구가 보습이고, 이 보습을 동력에 연결한 것이 쟁기이다. 이 보습과 쟁기는 지금까지도 그 원형이 고스란히 남아 트랙터에 부착하는 쟁기와 로터리 및 각종 작업기들이 모두 여기에서 파생된다. 최첨단의 무인 AI 자동주행 트랙터도 1만 5천 년 역사의 유물을 끄는 수단일 뿐이다.

이랑과 고랑의 목적은 수분 관리이다. 비닐이 농업에 이용되면서 획기적으로 변한 것이 바로 이 대목이다. 비닐이 농업에 사용된 것은

1960년대부터이다. 토양 피복용 비닐은 고랑에 심던 작물의 위치를 이랑 위로 올려놓았다. 이전에는 물 주기와 수분 유지를 위해 작물을 낮은 부분인 고랑에 심었다. 그런데 비닐을 덮게 되면서 땅속 수분 증발이 극도로 억제되어, 작물을 이랑 위에 심어도 다음 비가 올 때까지 말라 죽지 않게 되었다. 이랑에는 햇빛이 더 많이 비치고 부드러운 흙이 많아 뿌리가 잘 뻗어 작물의 생육이 월등하게 좋다.

다른 한편 더 두꺼운 비닐을 공중에 덮어 겨울에도 여름의 온도를 낼 수 있는 비닐하우스가 보급되면서 농산물의 제철이 바뀌게 된다. 원래 5~6월에 먹는 딸기가 12월부터 생산되고 복숭아와 포도 같은 대표적인 여름 과일도 비닐하우스 재배를 통해 철을 잊은 지 오래다. 참외, 수박을 1~2월에 만나는 일도 어렵지 않다.

최근 들어 비닐로 인한 환경 오염 문제가 심각해지면서 식물성 전분과 양식 폐기물인 미역 줄기를 원료로 하는 생분해 필름이 개발되어 사용되기도 한다. 생분해 필름은 일반 비닐처럼 씌워서 작물을 심는데, 씌운 지 1개월~1년 사이에 미생물에 분해되거나 햇빛에 풍화되어 없어진다. 나중에 비닐을 걷어 내고 폐기물로 처리하는 과정을 생각하면 일반 비닐의 2.5배 정도 가격이 더 싼 것인지 모른다.

이런 비닐을 마늘, 양파를 심을 때 사용하는데 폭이 160~170센티 되는 비닐을 트랙터 부착용 작업기로 씌운다. 비닐을 씌우면서 폭이 50센티 정도 되는 고랑이 만들어지고, 110센티 정도 되는 이랑 위에 비닐이 씌워지게 된다. 비닐을 씌우면 모든 준비는 끝난다.

밭일과 이주해 온
일꾼들

양파는 못자리부터 시작된다. 9월 5일에서 10일 사이에 종자를 모판에 넣어 3~4일간 쌓아 두었다가 못자리로 옮겨 기른다. 적당하게 물을 주면서 40~45일이 지나 10월 25일에서 11월 5일쯤 되면 모를 밭에 옮겨 심는다. 모를 키우면서 1~2회 정도 순을 잘라 주는데 양파 모가 쓰러지지 않고 더 통통하게 자라도록 하는 방법이다. 우리가 키우는 양파 종자의 이름은 K스타이다.

마늘은 육묘 과정을 거치지 않고 마늘쪽을 낱개로 분리해서 직접 밭에 심는다. 마늘 종자는 굵은 것일수록 대가 굵게 올라오는데 씨마늘의 크기가 작을수록 일찍 심는 것이 유리하다. 우리가 심는 마늘은 주로 남부 지방에서 재배하는 '대서'라는 품종이다.

마늘과 양파를 심는 작업이 최근에는 기계화되는 추세이지만 아직은 대부분 인력에 의존한다. 심고 풀을 매고 수확을 하는 모든 과정에 많은 인력이 필요하다. 한 사람이 하루에 70~90평 정도에 양파를 심는다. 돌이 없고 부드러운 흙에서는 90평, 돌이 많고 흙이 질거나 덩어리가 많으면 70평 정도의 면적을 심는다.

이런 일을 하는 데는 숙련된 일꾼들이 필요한데 숙련의 핵심은 하루 종일 쪼그리고 앉아 같은 작업을 반복할 수 있는 능력이다. 호리호리한 체격에 다소 허리가 굽고 걷기는 힘들어도 쪼그리고는 하루 종일 이동할 수 있는 신체 조건은 수십 년을 거쳐 만들어진다. 시골에 사는 여자 어르신들은 평생을 밭에서 일하면서 살림을 일구고 자식을 길러냈다. 70대를 넘어 90대 초반까지의 시골 여성분들이 일꾼의 주를 이룬다.

아침 6시쯤 밭으로 이동을 하여 6시 반경이면 작업이 시작된다. 9시에 음료와 빵으로 새참을 먹고 12시에 점심, 또 한 번 4시에 오후 새참을 먹고 5시 반, 혹은 6시까지 일을 한다. 새참이나 식사 시간 이외에 다른 쉬는 시간은 없다. 소변은 밭 주변의 외진 곳이나 작업장 주변에서 해결한다. 간이 화장실을 만들어 보기도 하였으나 별 소용이 없다. 하루에 일당은 10만 원이다.

나도 가끔 함께 앉아 같은 작업을 하는 경우가 있는데 2시간쯤 하고 나면 이튿날 다리에 알이 배길 정도로 불편하고 힘든 작업이다. 웬만한 산을 쉬지 않고 오르는 체력이지만 밭 작업을 하는 쪼그리는 자세는 결코 쉽지가 않다.

최근에는 이주 노동자가 이 자리를 대체한다. 이들은 다양한 형태로 현재 농촌 노동력의 주를 이루고 있다. 이주 노동자들은 동네 여성

분들보다 인건비가 비싸다. 하루 일당이 13만 원이다. 대신 새참이나 식사 등 일체의 비용은 본인들이 부담한다. 작업 위치와 작업 내용만 알려 주면 하루 종일 알아서 일을 한다.

많은 이주 노동자들이 법외의 공간에 있으므로 인력 시장도 법외의 영역에 있는 경우가 많다. 이미 우리나라 농업은 이주 노동자 인력이 아니면 유지가 어려운 상황이다. 특히 일이 제일 많은 4월 말에서 10월까지 6개월은 이들이 없이는 파종과 추수가 불가능하다. 코로나 초기 이주 노동자들 일부가 고향으로 돌아가자 6월 마늘, 양파 수확기의 인건비가 150퍼센트 이상 올랐어도 사람을 구하지 못해 수확을 포기하는 농가가 생길 정도였다.

풀매기, 그 타이밍

제초제를 사용하지 않는 유기농에서 밭매기는 가장 많은 시간과 비용이 드는 일이다. 농사를 지어 돈을 벌기 위해서는 이 비용을 최대한 줄여야 한다. 이 비용을 줄이기 위해서는 타이밍이 중요하다.

풀은 싹이 나고 자라고 열매를 맺는 과정을 거친다. 싹이 나서 연한 상태일 때는 뿌리도 힘이 없어서 잘 뽑히고 양도 적다. 이때를 지나 본격적으로 자라기 시작하면 뿌리도 길어지고 질겨져서 끊어지거나 뽑는 데 힘이 많이 들어간다. 풀을 매는 데 걸리는 시간과 비용은 적절한 시기를 지나면 덧셈이 아닌 곱셈의 방식으로 커진다. 날씨와 여건을 감안하여 가장 적절한 때에 밭을 반드시 매야 한다. 그렇다고 너무 어린 풀을 매려면 손에 잡히지 않아 헛수고를 하게 된다. 풀이 1~2센티 정도 될 때가 적당하다.

고랑에 있는 풀은 관리기로 제거를 한다. 이때 사용하는 작은 로터베이터가 달린 관리기의 성능은 엄청난 것이어서 한 시간에 3마지기는 너끈하게 해치운다.

마늘, 양파 밭은 12월 초에 초벌매기를 한 뒤 다음 해 2월 초·중순에 두벌매기를, 3월 하순에 세벌매기를 하고 나면 웬만한 풀은 다 잡을 수 있다. 수확 무렵 필요에 따라 휘적휘적 큰 풀을 뽑아 주면 풀매기가 끝이 난다. 풀매는 로봇이 발명되었다고는 하는데 써 본 적은 없다. 제대로 풀을 매는 로봇이 나온다면 유기 농업도 크게 어렵지 않을 것이다.

소한, 대한을 지나고 입춘을 지나 우수(양력 2월 18일경) 무렵이 되면 겨울에 서서히 뿌리를 키워 가던 작물이 용수철처럼 위로 튀어 오르기 시작한다. 재생기가 시작되는 것이다. 새잎이 나와 굵어지고 하루가 다르게 쑥쑥 자란다. 이 무렵 밭을 맨 뒤 구아노 비료를 웃거름으로 마지기당 1포 정도씩 뿌려 준다. 우수 무렵에 적당하게 비가 오면 금상첨화이지만 비가 오지 않으면 스프링클러를 이용하여 물을 준다. 이때의 비나 물 주기는 수확에 결정적일 만큼 중요하다.

엄청난 성장이 이루어지는 시기이므로 이때부터는 주기적으로 10일 간격으로 물을 주어야 한다. 미생물, 미네랄, 아미노산 액비, 청초액비 등을 물 주는 시기에 맞춰 3~4회 뿌려 준다.

대략 100배 수준으로 살포하는데 압축기를 이용하여 최대한 고루 충분한 양의 물과 함께 살포하여 땅속까지 흘러 들어가게 뿌려 준다. 이 동네 말로는 '호보~옥허니 뿌린다.'고 표현한다.

4월 하순까지는 양파가 풍성하게 자라는 데 초점을 맞추어 양분과 물을 관리한다. 4월 이후에는 질소질 액비는 사용하지 않는다. 5월에 들어서면 본격적으로 양파나 마늘의 알이 커지기 시작한다. 이때에는 어지간히 가물지 않으면 가급적 물을 주지 않는 것이 좋다. 이 시기가 끝나고 날이 더워지면서 수확이 가까워진다. 양파 대가 쓰러지면 수확 하라는 뜻이다. 이제 채비를 갖춘다.

마늘, 양파 수확과 건조

날씨는 여전히 농사의 가장 큰 변수이다. 수확 무렵에 비가 자 주 내리면 수확을 위한 작업이 어렵고 작물의 품질도 안 좋아진다. 다 행히 지금까지는 비가 많이 와서 수확을 못하는 일은 없었다. 비가 내린다는 소식이 있는 날 밤 늦게까지 마늘, 양파를 다 옮기자마자 쏟아지는 빗줄기를 바라보면 큰 성취감과 깊은 안도감이 밀려온다.

마을은 5월 말에서 6월 초에 수확을 한다. 예전에는 일일이 한 뿌리씩 포크처럼 생긴 도구를 이용하여 캐서 밭에서 며칠 말린 뒤 한 접(100개)씩 묶어 덕장에 걸쳐 한 달가량 더 말리고 나서 포장했다. 최근에는 순을 먼저 자르고 비닐을 벗겨 낸 후 수확기를 이용하여 캐낸 다음 2~3일 지나서 300킬로그램 정도 들어가는 큰 망사 자루에 담아 트랙터에 달린 로우더(흙, 모래 따위를 퍼 올리는 통)를 이용하여 밭에서 꺼낸다. 그러고는 건조장으로 옮겨 쌓은 뒤 큰 비닐을 덮고 공기를 불어넣거나 빨아내는 장치로 한 달가량 말린 뒤 포장하여 출하한다. 수확 작업도 꽤 많은 공정이 기계화되고는 있지만 여전히 사람 손에 의지해야 한다.

90퍼센트 정도가 기계화가 진행된 벼농사에 비해 밭농사의 기계화율은 매우 낮은 실정이다. 한쪽으로는 스마트 팜과 디지털 농업이 세계 최첨단을 달리고 있지만 배추, 양파, 마늘, 대파, 감자, 고구마 등 절대량을 차지하는 농산물은 노지에서 생산된다. 대부분의 농작업 과정이 사람 손에 의지하고 있는 것이다.

작업 기계가 없는 것은 아니지만 대체로 효율이 낮고 작업 간의 연결성이 떨어지며 엄청난 비용이 들어가다 보니 영세한 농가들은 수작업에 의존할 수밖에 없다. 유모차를 밀고 다니는 80~90살 넘으신 할

머니들이 현역으로 뛰고 있는 이유이다.

양파는 6월 중순에 수확한다. 마늘이 도구 없이는 캘 수 없는 데 비해 양파는 둥근 열매가 땅 위에 올라와 있어서 쉽게 뽑히기 때문에 맨손으로 슥슥 뽑아 가지런하게 널어놓는다. 3일쯤 지나서 대를 잘라 주고 2~3일 지나서 망에 담아 3~5일간 바람을 친 뒤 저장고로 옮긴다. 기계를 이용하여 순을 자르고 캐서 담아 바람을 빨아내는 방식의 건조 시설에서 20일가량 말린 후 포장하여 출하한다. 일손이 부족하고 수확철 인건비가 치솟아 최근에는 기계 작업이 확산되는 추세다.

포장과 출하를 위해서는 크기나 무게별로 선별 작업을 한다. 마늘은 크기가 2.5~4.5센티인 것은 '중'으로, 그 이상은 '대'로 분류하여 얼기설기한 망에 20킬로그램씩 담아서 출하한다. 양파는 무게를 기준으로 분류하는데 160그램 혹은 180그램 이상을 대, 100~160그램을 중, 70~100그램을 소로 분류하여 출하한다. 소는 장아찌용으로, 중은 가정용으로, 대는 급식이나 업소용으로 분류된다.

기계가 사람보다 정확하여 선별과 포장도 상당 부분이 기계화되어 있다. 하지만 선별기의 내구성이 떨어지고 마음먹은 대로 작업이 되지 않거나 속도가 느려 인력으로 선별하는 경우도 많다.

인력으로 선별할 때 가장 어려운 것은 정확성이 자꾸 떨어진다는 것이다. 일일이 저울로 잴 시간이 없거나 잰 뒤에 여러 개의 통에 옮겨 담는 과정에서 잘못 들어가는 경우가 많다. 이런 이유로 연세가 많은 어르신들은 선별 작업에 참여하기 어렵다.

절기로 보면 입하(양력 5월 5일경) 즈음에 알이 굵어지기 시작하여 소만(양력 5월 21일경)에서 망종(양력 6월 6일경) 사이에 마늘을 수확하고 망종에서 하지(양력 6월 21일경) 사이에 양파를 수확하여 소서 무렵에 건조를 끝내고 선별 작업을 거쳐 대서(양력 7월 24일경) 즈음에 모든 출하가 끝난다.

이 시기에 논농사도 못자리에서 이앙까지 해야 하므로 바쁘고 정신없기가 이만저만이 아니다. 매일 4시 반에 일어나 물꼬를 보고 일꾼을 실어 나르고 논밭으로 뛰어다니다가 해가 떨어지고도 몇 시간씩 일을 해야 하는 날이 많다. 웬만해서는 안 빠지는 살이 이때는 좀 빠지기도 한다. 하지만 머뭇거릴 여유가 없다. 감자도 캐서 선별 포장을 하고 출하까지 완료해야 한다. 마늘과 양파를 거두어 낸 밭은 정리하고 콩을 심어야 봄 일이 끝나기 때문이다.

밥상에 필수 감자 농사

감자는 나에게 향수를 불러오는 작물이다. 고향인 강원도를 대표하기 때문이다. 또 감자는 학교 급식에 가장 많이 들어가는 작물이다. 2017년 미래영농법인이 부안군과의 협력 사업으로 학교급식지원센터를 운영하게 된 이래로 급식에 공급하기 위해 감자 농사를 짓게 되었다. 감자는 겨울감자와 하지감자 그리고 가을감자로 재배 시기가 나뉜다.

겨울감자는 하우스 시설에서, 하지감자와 가을감자는 노지에서 재배한다. 부안과 김제의 겨울감자는 12~1월에 심어서 4월에 출하되는데 이때는 노지 햇감자가 나지 않고 저장 감자의 맛이 떨어지는 시기라서 엄청 인기가 좋다. 생산량도 많지 않아 20킬로그램 1박스에 7~8만 원 정도로 가격도 좋다. 겨울 감자는 3중 하우스에서 재배하는데 기온이 10도 이하로 떨어지지 않으면 불을 때지 않아도 얼어 죽지 않는다. 생산비가 절감되고 토질이 미세 모래질이어서 감자의 알이 잘 들고 이쁜 것도 경쟁력이 된다.

우리가 주로 재배하는 것은 하지감자이다. 감자 농사의 시작은 씨감자 눈 틔우기부터 시작된다. 품종은 '수미'다. 씨감자는 강원도에서 가져온다. 20킬로그램 한 박스에 3만 원 선이다. 2월 중순에 씨감자를 볕이 잘 들고 얼지 않는 하우스에 잘 펴서 널고 그 위에 차광망을 덮어 준다. 그러면 20여 일을 지나는 동안 감자의 눈이 조금씩 자라서 벼알만큼 튀어나오게 된다.

3월 10일쯤 되면 심을 만큼 눈이 튀어나오는데 이것을 눈이 모여 있는 정아 부위를 중심으로 +자로 잘라 4쪽으로 분리한다. 자른 감자는 끝부분은 조금 남겨 놓아서 완전히 떨어지지 않고 잘라진 4쪽이 붙어 있는 상태로 박스에 담아 2~3일간 그늘에 둔다. 이때 씨감자에 재를 뿌려 두기도 한다(재를 묻혀 놓으면 병원균의 침투를 막고 상처가 빨리 아문다).

2~3일 동안 잘라진 면이 하얗게 전분이 마르면서 아무는데 이것을 땅에 심는다. 보통 3월 15일에서 20일 사이에 밭에 심는다. 요즘의 감자 심는 시기는 예전보다 10일쯤 빨라졌는데 지금은 2월에 심는 사람도 있다. 기후 변화의 영향이다.

감자밭 만들기는 2월 중순에 시작된다. 퇴비를 넣고 미생물을 뿌리고 곱게 갈아 두면 준비가 끝난다. 밭 전체가 평탄해지게 작업을 한다. 감자 심는 작업은 못줄을 이용한다. 감자와 감자 사이의 간격은 20~25센티, 골과 골 사이의 간격은 85센티를 띄우고 일꾼들이 일렬로 늘어서 못줄을 대고 감자를 놓고 다음 줄로 옮겨 가는 방식으로 씨감자를 놓는다. 씨감자는 잘린 면이 아래로 향하도록 놓는다.

두 마지기가량 놓는 작업이 진행되면 관리기로 골과 감자 줄 사이를 깊게 파서 올린다. 폭이 85센티의 고랑과, 높이가 25센티 정도의 이랑이 길게 생긴다. 여기에 검정 비닐이나 가운데가 투명한 배색 비닐을 관리기를 이용하여 덮어 주면 감자 심는 작업은 끝난다. 감자 놓는 일은 하루에 한 사람이 350평에서 400평가량을 할 수 있다.

골을 만들고 비닐을 씌우는 작업은 주인 몫이다. 비닐을 씌우고 곧바로 관리기로 고랑을 한 번 더 만들어 주는데 비닐이 바람에 벗겨지지 않도록 눌러 주는 작업이다. 여기까지 하면 감자 파종이 끝난다. 이 과정을 해 주는 작업기도 있다.

다음은 감자순 꺼내기이다. 심은 지 한 달쯤 지나면 흙을 뚫고 올라오는데 올라오는 대로 비닐을 찢고 꺼내 주어야 한다. 한꺼번에 싹이 올라오는 것이 아니어서 3차례에 걸쳐 꺼내 주기 작업을 한다. 이 작업을 앉아서 하다가 작은 갈퀴를 만들어 서서 비닐을 찢어 주는 방식으로 바꾸었더니 속도가 5배 정도 빨라지고 자세도 괜찮아서 피로도 적다.

감자 순을 다 꺼내 주고 물을 뿌리거나 관수를 하고 나면 4월 하순인데 이때부터 감자는 맹렬하게 자라기 시작한다. 맹렬하게 자라는 것은 감자만이 아니다. 풀도 함께 힘차게 올라온다. 예전에는 풀이 원수처럼 여겨졌는데 지금은 그렇게 뽑고 또 뽑아내도 사라지지 않고 올라오는 저 위대한 생명력이 새삼 놀랍고 대견하기도 하다. 한편으로 풀 매기가 저들을 멸종시키는 것이 아니라는 생각에 덜 미안하기도 하다.

다만 농사꾼은 감상에 젖지 않는다. 관리기로 사정없이 고랑을 갈고 다닌 뒤 감자 옆에 난 풀은 일일이 뽑아 준다. 이제 감자알이 커지는 시기에 물만 잘 주면 수확까지는 별일이 없다.

하지감자는 하지 무렵에 캔다고 해서 하지감자다. 감자를 캐기 위해서는 맨 먼저 순을 제거해 주어야 한다. 예초기나 감자순 치는 트랙터 작업기를 이용한다. 순을 친 다음에는 비닐을 벗겨 준다. 경운기나 트랙터 부착용 작업기를 이용해 감자를 꺼내는데 이때 상처가 나지 않도록 조심해야 한다.

껍질이 살짝 벗겨지는 정도는 괜찮지만 좀 더 깊은 상처가 나면 2~3일 안에 여지없이 썩기 시작하여 큰 손해를 입을 수 있다. 그래서 감자는 흙살이 좋은 밭에 심어야 한다. 감자는 햇빛을 보게 되면 색이 녹색으로 변하므로 캔 감자는 지체 없이 담아야 한다. 햇빛이 비치지 않는 그늘에서 2~3일 큐어링(감자를 캘 때 나는 상처들이 아무는 과정)을 거친 감자는 무게별로 분류하여 박스에 포장한 뒤 출하한다. 130그램 이상을 1번, 100~130그램을 2번, 70~100그램을 3번, 50~70그램을 4번으로 분류한다. 1번과 2번은 썰어서 사용하는 용도로, 4번은 조림용으로 사용된다. 문제는 3번이다. 3번은 상품화되지 못하는 불쌍한 규격이다. 고속도로 휴게소에서 파는 버터구이 감자 크기인데 최근까지 학교에서 수요가 없어 폐기하거나 지인끼리 나누어 먹었다. 버리는 것이 아까워 가공에 대한 계획을 세우기도 했는데 다행히 2023년부터 출하가 이루어지기 시작했다.

감자 가격은 크기별로 유달리 크게 차이가 난다. 1번은 킬로그램당 2,300원, 2번은 1,600원, 3번은 500원, 4번은 1,000원이었다. 그러니 감자 농사가 잘못되어 1, 2번이 많이 나오지 않으면 손해를 볼 수도 있다. 감자를 크게 키우려면 양분도 중요하지만 알이 형성되는 시기에 맞추어 수분을 공급해 주어야 한다. 스프링클러는 비닐을 덮은 감자밭에서 효과가 별로 없다. 점적관수가 답이다. 가는 구멍이 뚫린 관을 땅속에 약간 묻거나 땅 위로 늘여 빼서 작물 포기마다 물방울 형태로 물을 주는 방식이다. 이래저래 친환경 농업을 하며 자재의 사용량이 늘어 가는 것이 안타깝기도 하다. 다시 비닐로 돌아온다. 비닐을 사용하지 않던 그 이전의 농사로 돌아갈 수는 없을까? 방법을 찾아볼 작정이다.

알찬 콩농사

농사를 시작하면서 몇 가지 방향을 둔 것이 있었다. 첫째가 농사를 업으로 한다는 것이고 둘째가 가장 평범한 작물을 짓는다는 것이었다. 셋째는 내가 안심하고 먹을 수 있는 농사를 짓는다는 것이다. 벼와 밀, 마늘, 양파, 대파, 배추, 고추, 참깨, 콩 등의 작목을 선택한 것도 그런 배경에서이다.

특히 콩은 발효 식품으로 들어가는 관문과 같은 작물로, 매년 심어도 잘 되고 질소 고정 박테리아 덕분에 거름을 많이 주지 않아도 되는 등 매력이 많아 꼭 재배하는 작물이다. 여름에 재배하는 작물이어서 양파, 마늘, 감자 등 겨울, 봄 작물과 2모작이 가능하다는 점도 빼놓을 수 없는 장점 중 하나이다.

수량이 많고 알이 굵고 항암 성분이 실한 유기농 콩을 만들어 내는 일은 그리 쉬운 일이 아니다. 보통 관행 재배 콩이 평당 1~1.5킬로그램 정도 수확을 하는데 우리의 목표는 평당 1.5킬로그램 이상의 콩을 훨씬 우수한 내용으로 생산하는 것이었다.

2022년 우리는 4,000평에 콩을 심었다. 양파와 마늘을 심은 밭에 200평당 퇴비 5포대와 미네랄, 미생물을 뿌리고 갈아엎은 뒤 트랙터 부착 2골 휴립피복기(이랑 두둑을 형성하며 비닐을 씌우는 장비)를 이용하여 비닐을 씌운 뒤 모종을 심는 방식으로 콩을 심었다. 이랑과 이랑 사이의 간격은 80~85센티, 콩과 콩 사이의 간격은 40센티, 한 포기의 모종에는 콩 1알씩을 넣었다. 이랑 높이는 20~25센티 정도로 하였다. 모종은 288개 구멍이 있는 트레이 판에 1알씩 콩을 넣어 12일간 육묘장에서 키운 뒤 곧바로 정식(아주 심기. 모종을 밭에 내어 제대로 심는 일) 과정을 거쳤다. 이렇게 모종을 하게 되면 제초에 드는 비용을 훨씬 절감할 수 있으리라는 계산이었다. 모종 간의 거리를 다소 넓은 40센티씩 둔 이유는 가지를 많이 뻗고 크고 싶은 대로 커 보라는 의미에서였다. 종자 품종은 대풍 2호였다. 모종을 심은 덕에 거의 빈자리 없이 콩은 잘 자랐다.

예상대로 가지도 13개 정도까지 뻗을 정도로 무성하게 자라서 대풍을 기대하게 하였다. 풀매는 일도 어렵지 않게 할 수 있었다. 그런데 너무 크게 가지가 뻗고 무성하게 자란 것이 화근이 되어 태풍이 다가오는 9월 말에 콩들이 다발의 무게를 이기지 못하고 쓰러지기 시작한 것이다.

수확을 못 할 정도는 아니었으나 과연 기계 수확이 가능할 것인가 걱정이 되었다. 예전에는 콩잎이 떨어지면 노란 기운이 콩대에 남아있을 때 베어서 콩 낟가리를 만들어 한 달 정도 잘 말린 뒤 탈곡기를 이용해 콩 타작을 하는 것이 보통이었다. 그러다가 일체형 콤바인이 도입되면서 기계를 이용하여 콩을 베게 되었는데 기계로 수확을 하려면 몇 가지 조건이 필요했다.

우선 콩의 하단부에서 첫 번째로 달린 콩까지의 거리가 10센티가량 되어야 한다. 양분이 적어 콩이 키가 크지 않을 경우 땅과 맞붙은 부분까지 잣송이처럼 콩이 달린다. 그러면 벨 때 기계 날이 지나가는 높이보다 낮은 곳에 달린 꼬투리는 밭에 버려지게 된다. 두 번째는 콩이 익어도 꼬투리가 잘 터지지 않는 성질이 있어야 한다. 손으로 타작하는 콩은 꼬투리가 잘 터져야 탈곡에 드는 노력이 덜 들어가므로 꼬투리가 잘 터지는 성질이 더 중요하다. 하지만 기계 수확을 위해서는 정반대의 성질을 가져야 한다. 대풍 2호, 선풍 등 이런 성질을 가지도록 개발된 품종들이 최근에는 많이 보급되어 있다. 농촌진흥청과 식량과학원 남부 작물부의 박사님들의 노고에 감사하는 대목이다. 농촌진흥청은 한때 폐지, 축소될 위기에 처하기도 하였으나 농민들의 강력한 반발로 유지되었다. 지금은 부안과 가까운 전주·김제 혁신도시로 이전하여 꾸준히 새로운 품종과 농업 기술을 개발하고 있다.

수확이 시작되자 우려는 현실이 되었다. 기계 수확을 아무리 꼼꼼히 한다고 해도 수확이 되지 않은 콩대가 즐비하게 널브러져 있었다. 다음 날 놉을 얻어 이삭줍기(이곳 말로는 이시락줍기라고 한다)를 했는데 1톤 트럭으로 7대 분량을 줍고도 떨어져 있는 것이 많았다. 특히 콤바인 바퀴로 깔고 지나간 콩들은 꼬투리가 터져 낟알이 흩어져 있어서 어떻게 해 볼 도리가 없었다. 다 지은 농사를 바닥에 깔아 버리는 고통은 기계 작업의 가장 큰 맹점이었다. 농사는 잘되었고 평당 800그램이면 목표에는 크게 미치지 못하였으나 적지 않은 수확량이었다. 하지만 이 방법으로는 콩농사를 계속할 수 없었다.

2023년에는 몇 가지를 바꿔 보기로 했다. 우선 씨를 그대로 심는 직파를 하기로 하였다. 모종은 여러 가지 장점이 있으나 육묘와 정식에 드는 비용이 만만치 않았다. 직파를 하면 20명이 하는 작업을 한둘이 할 수 있다.

다음은 이랑을 평평하게 하는 것이다. 이랑을 평평하게 하고 두 줄로 직파를 하게 되면 콩이 쓰러져도 수확에 문제가 없다. 콩과 콩 사이의 거리를 40센티에서 20센티로 좁히고 한 구멍에 3~4알씩 심는다. 이렇게 하면 한 개의 콩은 포기가 벌지 않으나 키가 좀 더 커서 기계 수확에 유리하게 된다. 전체적으로 콩의 생리를 크게 거스르지 않으면서 기계 수확에 유리한 방향으로 개선이 이루어졌다.

문제는 이 작업을 하는 기계가 마땅하게 없다는 것이었다. 핵심 장비들은 구입하고 연결 장치는 만들어 보기로 했다. 불스1300 피복기로 구멍이 없는 생분해 필름을 씌우면서 트랙터 부착형 황금파종기 두 대를 75센티 간격으로 붙여서 피복과 파종을 동시에 할 수 있게 하는 장치를 만드는 일은 내가 맡았다.

중간에 몇 차례 위기도 있었지만 농기계 임대사업소 직원들의 도움과 중일농기계 사장님의 예리한 기술 덕택에 불스1300 피복기와 황금파종기를 연결하는 장치가 만들어졌다. 드디어 2023년 이 방법으로 콩을 심게 되었다. 작업은 예상보다 훨씬 더 순조롭게 이루어졌다. 무엇보다 30년간 갈고닦은 오퍼레이터의 농작업 실력이 빛나는 순간이었다. 하하하!

경운기부터 시작하여 4조식 이앙기를 거쳐 콤바인과 관리기 등 안해 본 농기계 작업이 없지만 트랙터에 피복기와 파종기를 이어서 콩을 심는 작업이 큰 오류 없이 진행될 때의 작은 감격은 잊을 수가 없다. 진인사 대천명의 순간이다. 그렇게 하루에 5,000평가량 작업을 했다. 다음 날까지 전부 40마지기 8,000평에 콩을 심었다. 비닐 씌우는 속도로 콩 파종이 끝난 것이다.

콩은 거의 한 구멍도 빠짐없을 정도로 싹이 잘 텄다. 좋았다. 하지만 즐거움은 잠시, 사건은 그다음에 발생하였다. 직파를 할 때 너무 깊이 심어서 발아에 어려움을 겪은 경험이 있었던 터라 콩을 심은 뒤 관리기로 흙을 쳐올리는 작업을 하지 않았던 것이 화근이었다. 몇 번의 심한 바람에 비닐이 벗겨져 날리기 시작한 것이다. 게다가 장마가 시작되어 역대급 강수량을 기록하던 터라 관리기 작업을 할 짬이 나지 않았다.

생분해 필름이라 여름 햇살과 내리는 비에 흙과 닿아 있는 부분이 삭아 내리기 시작한 것도 문제였다. 며칠 동안 밭을 기어다니며 날리는 비닐을 붙잡아 덮어야 했다. 이튿날 또 큰비가 내린다는 예보가 있는 상황에서 중간중간 푹푹 빠져 가며 정말 힘겹게(이곳 말로 포도시) 관리기 작업을 하고 나니 다시 장대비가 쏟아지기 시작했다.

여기저기 콩밭이 잠기고 난리가 났다. 우리 콩밭도 예외는 아니어서 이대로 가다가는 콩농사는 버렸다는 한탄이 나올 무렵 지겹게 내리던 비가 그쳤다. 이번에는 긴 장마에 어떻게 해 볼 도리 없이 지나가는 사이에 크게 자라 버린 풀이 문제였다. 고랑 풀과 콩 포기 옆에 난 풀은 이미 콩보다 더 크게 무성해지고 있었다. 이렇게 풀이 크게 자라면 관리기로는 풀을 억제할 수가 없다. 그렇다고 포기할 수도 없었다. 뜨거운 8월의 뙤약볕 아래 콩밭을 보고 있노라니 한숨이 절로 나왔다.

협동 농사는 이럴 때 힘을 발휘한다. 아마도 혼자 농사를 지었다면 이 대목에서 주저앉고 말았을 것이다. 농약과 제초제를 사용하는 많은 농가들이 그해의 콩농사를 포기했을 정도였다. 하지만 우리는 세 명이 예초기를 둘러메고 고랑의 풀을 깎아 나갔다. 고랑의 풀을 깎고 나니 콩들이 제법 어엿하게 자라 있었다.

이번에는 이주민 놉을 구하여 콩 포기에 있는 풀을 매 나갔다. 3일 동안 총인원 50명이 동원되어 풀을 맸다. 풀을 다 매고 나니 콩들은 눈에 띄게 쑥쑥 자라고 옆으로 퍼져 며칠 사이에 고랑을 다 메울 정도로 무섭게 자랐다. 큰 폭발을 느린 영상으로 보는 것 같았다. 이쁘고 대견했다. 밭을 지날 때마다 뿌듯했다. 포기하지 않고 흘린 땀이 이렇게 보람 있어 보기도 오랜만이었다. 지난 봄과 여름 동안 힘겨운 노동의 피로와 격한 감정의 소용돌이도 무럭무럭 자라는 콩밭에서 녹아내리고 있었다.

세상의 다른 일들도 그러하겠지만 농사를 지으면서 마지막까지 절대 작물과의 끈을 놓지 않는 것이 얼마나 중요한 것인지 다시금 깨달았다. 열매는 그냥 얻어지지 않는다. 결실을 거두는 순간까지 긴장을 놓지 않고 마지막 깔딱고개를 간신간신 넘어가면 비로소 열리는 풍요의 바다에 우리는 닿아 있었다. 이때의 성취감은 땀 흘린 뒤의 막걸리 맛보다 좋다.

소서와 대서를 지나 태양은 입추에 들어섰고 처서, 백로를 지나면서 콩잎은 더욱 푸르러졌다. 신비한 일이 일어났다. 우리는 캐내지 않고 잘린 풀이 다시금 무성하게 자라 버릴 것을 크게 염려하고 있었다. 뙤약볕 아래 예초기 작업은 정말 어려운 일이기 때문이다. 그러나 풀은 멈춘 듯이 더 자라지 않았다. 오히려 하나둘씩 사그라지더니 대부

분은 삶을 포기하고, 더러 살아 있는 애들은 콩과의 경쟁에 지쳐 겨우 머리를 내밀고 있는 형국이 되었다.

아 농사의 위대함이여~, 콩의 생명력이여~. 이 정도 풀을 정리하는 일은 거의 놀이에 가까웠다. 그러지 않아도 우리는 일을 사우나와 놀이로 생각하던 터였다. 처서와 백로 무렵에 콩꽃이 피기 시작하는데 놀라우리만치 꽃들이 많이 피어났다. 미네랄과 액비를 드론을 이용하여 3회 살포하였다. 우리도 그렇지만 콩들도 고생이 많았다.

초가을의 날씨는 좋았고 콩은 마음껏 꽃을 피우고 역대급으로 꼬투리가 맺혔다. 혹여 저 많은 꼬투리들이 제대로 여물까 싶을 정도로 조대기 조대기('아주 많이 다닥다닥 붙은 모습'의 사투리) 콩이 붙었다. 콩밭에 가는 일은 큰 즐거움이었다. 이윽고 한로와 상강을 지나 11월 14일에 콩을 벴다. 하서농협 안마1000 콤바인으로 하루를 작업했다.

평당 1.1킬로그램 정도 수확했다. 콩알도 굵었다. 아직 우리의 목표에 이르지는 못했으나 이 정도의 수확은 올해 같은 날씨에 관행 재배에서도 드문 결과였다. 이 동네 콩을 다 베고 다니는 콤바인 기사도 깜짝 놀랄 만큼의 수확이었다.

2023년의 콩농사는 우리가 지난 3년 동안 해 온 여러 시도와 노력이 제대로 된 방향으로 가고 있음을 보여 주는 사건이었다. 무엇보다 기술을 극대화하고 일을 효율적으로 집중하며 게을러질 수 없는 협동 농사의 장점들을 모두 경험하는 긍정적인 사건이었다. 또한 지난 3년간 다양한 작물과 방식을 동원하여 추진했던 탄소치유농업의 성과를 확인하는 사건이기도 하였다.

협동 농사와 탄소치유농법의 결합은 농사에 대한 관점과 농사 방법을 체계적으로 정리할 수 있는 중요한 계기가 되었다. 그리고 우리가 생산한 여러 작물들의 결실은 앞으로 농사가 기대 이상의 좋은 결과를 가져올 것이라는 희망을 주었다. 오랜 노력 끝에 이루어지는 좋은 결실은 이것으로 끝이 아니다.

벼농사의 귀한
조력자들

벼농사는 미래영농법인에서 공동 작업으로 한다. 농사를 함께 짓는 것은 아니고 주요 농작업을 함께 하고 관리는 개인이 하는 방식이다. 벼농사는 청명에서 곡우 무렵(양력 4월 5일에서 4월 20일 무렵)에 시작한다. 벼농사가 시작되면 괜스레 마음이 바빠진다.

4월 첫 주에 벼 종자를 소금물로 가려낸다. 계란이 500원짜리 동전만큼 물 위에 떠오를 정도의 소금물(염도 1.13/20리터에 소금 5킬로그램 정도)에 볍씨를 담그면 쭉정이와 덜 여문 낟알들이 위로 떠오른다. 떠오른 낟알만 건져 내면 충실한 종자들만 남는다. 햇볕에 하루 정도 말려서

10킬로씩 망사 자루에 담아 둔다. 곡우 무렵에 1차 파종을 시작한다.

파종 작업은 1주일 간격으로 모두 5차례에 걸쳐서 한다. 모두 406개의 구멍이 있는 포트판에 구멍 하나당 1~4알의 씨를 넣는 작업이다. 상토를 넣고 종자를 넣고 다시 상토를 덮고 물을 주는 과정을 한 번에 하는 파종기가 있는데 1시간에 720장을 작업할 수 있다.

1200평에 124장의 모판을 심는데 농가마다 필요한 모판 숫자와 원하는 이앙 일자를 회의를 통해 결정하고 그에 맞추어 파종을 한다. 파종한 모판은 4~5일 동안 발아 과정을 거친다. 한곳에 쌓아 놓고 잘 덮어 두면 발아 열로 온도가 25까지 올라가는데 이때부터 발아가 시작된다.

이렇게 싹이 튼 모판을 못자리로 옮긴다. 못자리는 논, 하우스, 노지, 콘크리트 등 다양한 곳에서 키울 수 있다. 여러 번 실험을 해 보니 논에서 모상을 만들고 키우는 것이 가장 건실하다고 판단되었다. 그래서 다소 힘겹더라도 논 못자리를 한다. 논 못자리에는 최소 5명, 3줄로 설치할 경우에는 9명까지 사람이 필요하다. 이때는 서로서로 품앗이를 하는데 온 가족이 총동원된다. 요즘 관행 농사는 못자리 설치를 하지 않는다. 육묘장에서 사다 쓰기 때문이다. 우리가 못자리할 때만 들판이 복작거린다.

모판을 깔고 부직포를 덮고 나서 곧바로 물을 펄렁하게('넘치도록 많이'의 사투리) 대 주었다가 빼 주고 못자리 둘레에 물길을 내 주면 못자리 설치가 끝난다. 일주일에 한 번씩 물을 펄렁하게 넣었다가 빼 주기를 4번 반복하면 모는 심을 만큼 자란다.

못자리 설치가 끝나면 본격적인 논 만들기가 시작된다. 입하 무렵이다. 먼저 논갈이를 한다. 녹비 작물이 최대한 무성할 무렵이다. 갈아엎기 전에 녹비 작물의 작황을 보아 가며 유박을 1,200평당 300~800킬로 뿌리고 미생물과 미네랄을 원액으로 뿌려 준다. 갈아엎은 논에 곧바로 물을 대고 두 번 로타리 작업을 한다. 두 번째는 써레질(넓은 판을 이용하여 논의 표면을 매끈하게 다듬는 작업)까지 마친다. 2~3일 굳은 뒤에 포트이앙기로 모를 심는다. 평당 42포기 정도 심는데, 모를 심고 하루이틀 동안 물을 넣어 준다. 물을 넣고 나면 곧바로 우렁이를 10킬로 정도 넣어 준다. 소만에서 망종 무렵이다. 양파, 마늘 수확 시즌이라 정신이 없는 틈에 모내기를 마치면 큰 숨을 돌린다.

예전에는 논의 풀을 억제하는 것이 매우 힘든 일이었다. 제초제가 없었던 시절에는 모내기 이후 두 번 김을 매고 나면 7월 중순이 지나갔다. 이때쯤 음력 6월 6일 유두 명절이 들어 있는데 옛날의 유둣날은 '호미씻이'라고 하여 논의 김을 두벌 맨 수고를 위로하는 큰 잔칫날이었다.

초기 유기 농업에서도 논매기는 힘든 일이었다. 해법은 엉뚱한 곳에서 발견되었다. 원래 양식을 목적으로 브라질에서 수입한 왕우렁이가 그것이다. 양식장 담장을 넘어 탈출한 우렁이가 논에서 피를 뜯어 먹고 있는 것을 발견한 것이다. 왕우렁이의 식성은 특이해서 물 밖으로 나온 풀은 먹지 않고 물속에 있는 풀만 먹는다.

이러한 습성 때문에 모를 크게 키워 심어 놓고 물을 적당한 높이로 대 놓으면 물 밖에 있는 벼는 안 먹고 물속에서 싹트기 시작한 풀들부터 먹게 된다. 우렁이는 새끼손톱만 한 크기일 때 식성이 가장 왕성하다. 모내기 철에 우렁이를 이 정도의 크기로 키우는 것이 우렁이 양식의 핵심이다.

두벌 써레질을 한 뒤 3일 정도 지나서 모를 심고 모를 심은 지 2~3일 뒤에 우렁이를 논에 방사한다. 우렁이의 양은 한 마지기에 2~3킬로그램이다. 1킬로그램당 가격은 5,000원 내외이다. 물을 잘 잡아 일정한 물 높이를 유지할 경우 우렁이의 제초 능력은 화학 제초제보다 낫다. 그러다 보니 요즘은 친환경 농업이 아니어도 우렁이를 제초용으로 사용하는 농가가 더러 있다.

우렁이는 원래 월동을 하지 않는 것으로 알려져 있었다. 그런데 최근 들어 겨울 날씨가 따뜻해지고 추위에 내성이 생겨 겨울을 나는 우렁이가 생겨났다. 이 때문에 우렁이를 생태 위기종으로 지정하고 사용하지 말아야 한다는 논란이 일기도 하였다. 하지만 아직 우렁이를 농업에서 사용하면 안 된다는 우렁이 금지령은 내리지 않았다.

우렁이 이외에 제초를 해결하는 몇 가지 방법이 더 있다. 대표적인 방법이 오리 농법이다. 오리 농법은 오리가 논 속을 돌아다니면서 흙탕물을 일으켜 풀씨가 싹트지 못하게 하는 원리이다. 제초뿐만 아니라 오리가 돌아다니면서 벼를 건드려 벼를 튼튼하게 자라도록 도와주기도 하고 추수 무렵에 오리를 잡아먹을 수도 있어서 일거다득의 농법이다. 하지만 조류 독감이 잦아지면서 논에 오리를 방사하는 것 자체가 문제가 되어 오리 농법은 많이 사라지게 되었다.

쌀겨를 논에 뿌려서 그늘이 지게 하는 방법도 있었다. 이 방법은 쌀겨를 뿌리는 것 자체가 너무 힘든 일이어서 적은 면적에서 시도되기는 하였지만 퍼지지는 않았다.

논에 종이나 생분해 비닐을 깔면서 모를 심는 방법도 있었다. 이 방법 역시 지나치게 번거로워 시도에 그치고 말았다. 지금 친환경 농업에서 대부분의 제초는 우렁이가 맡고 있다. 아직은 우렁이가 심각하게 생태를 교란시킨다는 보고는 없다. 겨울철 이 동네에 날아오는 철새들의 좋은 먹이가 되기도 한다. 워낙 느린 애들이라 다른 생물을 잡아먹지도 못한다. 그렇게 착하게 오래도록 우리 농사를 도와주었으면 한다.

우렁이를 넣고 나면 이제 한 달 동안 물만 잘 대면 된다. 물을 대는 일은 논두렁에 살고 있는 땅강아지, 울치, 두더지 등 구멍을 파는 생물들과의 숨바꼭질이다. 매일 막으면 뚫고, 막으면 또 뚫어 놓는 구멍을 메우는 것이 새벽의 일과이다.

질소의 양을 줄이고 적게 심어(저질소 소식 재배) 벼가 자신의 능력을 최대한으로 발휘할 수 있도록 하는 것이 벼농사의 핵심이다. 지난 10년간 이 농법으로 법인의 벼농사를 지어 냈다. 심고 한 달이 지나 물떼기를 하고 다시 20일이 지나면 벼 이삭이 생기기 시작하고 또 20일이 지나면 이삭이 바깥으로 나오기 시작한다. 이때부터 5번에 걸쳐 미네랄을 살포하는데 1,200평당 2리터가 살포되도록 한다. 벼는 어느새 목을 숙이고 익어 가기 시작한다. 저질소 소식 재배와 미네랄이 만나면 벼 탄소치유농법이 완성된다.

이렇게 재배한 벼는 웬만한 병해충에는 끄떡도 없이 잘 자라는데 병해충이 뜯어먹다 이가 부서질 정도로 잎이 강해지기 때문이다. 2023 년에는 유례없는 장마와 함께 극심한 병충해 피해가 발생하였는데 우리 논들은 벌레 자국 하나 없이 깨끗하게 농사가 잘되었다. 병해충으로 얼룩져 있는 들판을 지나 우리 단지로 들어서면 그림 같은 풍경이 나타났다.

가을바람에 찰랑거리며 익어 가는 벼들이 참으로 대견해 보였다. 30여 년간 농사를 지으며 이해의 콩농사와 벼농사는 잊을 수 없는 그림이었다. 오랜 기다림과 실패, 치열한 고민들이 이제야 결실을 맺는 듯하다.

마음이라는 열매

함께 짓는 농사의 어려움도 있다. 마음이다.

우리들의 이야기와 회의는 끝이 없었다. 때로는 일꾼들을 돌려보내고 늦게까지 토론을 하기도 했다. 5월 중순부터 거의 하루도 쉬지 않고 50일 정도를 강행군하면서 쌓인 피로도 만만치 않았다. 마늘 종자는 무엇으로 할까, 언제 심을까, 놉은 몇 명으로 할까, 사용할 퇴비는 어느 회사 것으로 할까, 구아노는 쓸까 말까, 풀을 맬 건가 말 건가. 언제 맬 건가, 물을 스프링클러로 줄 것인가 관을 설치해 방울방울 떨어지도록 할 것인가…….

관행 농업에서는 이미 답이 나와 있는 문제들이다. 하지만 우리는 '약도 되는 좋은 먹거리의 생산'이라는 목표에 좀 더 근접하기 위해 최적의 재배 매뉴얼을 찾아 고민에 고민을 거듭했다. 심고 풀매고 거두고 분류하여 판매하는 모든 과정에서 '어떻게 하면 효율을 높이고 비용을 줄일 것인가?' '어떻게 하면 작물이 자신의 능력을 최고로 발휘하여 실하며 크고 강한 결실을 맺게 할 것인가?' 하는 고민은 도를 닦는 스님의 화두와 같은 것이어서 우리는 틈만 나면 머리를 맞대고 그 화두를 풀어내기 위한 토론을 이어 갔다.

농사는 무엇이 문제였는지 시간이 지나면 알게 된다. 하지만 그때는 이미 문제가 발생한 뒤이고 그 문제를 해결할 기회는 1년 뒤에야 온다. 더욱이 농약을 사용하지 않는 유기농에서는 작물에 문제가 생긴 뒤에는 달리 방법이 없는 경우가 많다. 그렇기에 미리 문제가 발생하지 않도록 지난번 농사의 기록을 꼼꼼하게 살펴보고, 이리저리 전문가들에게 물어야 한다. 때로는 인터넷과 유튜브를 찾아보고, 원론을 공부해서 하나하나 지침을 만들어 나가야 한다. 작물과 작물 사이의 간격, 비닐의 넓이와 재질, 사용할 기계의 사양 등 무엇 하나 얼렁뚱땅 결정된 것이 없다.

그러다 보니 경험적으로 결론이 나 있거나 불가피하게 그 방법밖에는 없는 경우를 제외하고는 아주 세세한 것까지 논의의 대상이 될 수밖에 없다. 양파 심는 간격을 13×14센티로 할 것인지 13.5×14.5센티로 할 것인지와 같이 미세한 과제부터, 풀을 언제 어떻게 맬 것인가와 같은 문제들에 대한 토론까지 논의의 주제는 다양하다. 때로는 이런 논의가 '왜 농사를 짓는가' 하는 본질적인 문제로까지 깊어질 때도 있었다.

대개 이렇게 토론이 발전하면 단전에 힘이 들어갈 정도로 자신의 주장에 무게를 싣게 되고 목소리도 커진다. 토론 참가자 모두 결사적으로 자신의 생각을 피력하였지만 아무도 파탄을 원하지 않았다. 기차가 연기를 품으며 높은 고개를 올라가는 것 같았다. 그렇게 고갯마루를 거의 올라 마지막 숨을 몰아붙이며 격한 감정을 내뿜는 토론이 천둥, 번개처럼 부서질 무렵 감자, 마늘, 양파 수확과 출하가 모두 끝났다.

이 과정은 우리에게 처음 닥친 시련 같은 것이었다. 협동 농사가 그 많은 이점에도 불구하고 왜 일반화되지 않는지를 알아보는 과정이기도 했다. 일은 하나가 되어도 마음이 하나가 되기는 쉽지 않다는 것, 그리고 그것을 깨닫는 것도 쉬운 일이 아니라는 것, 그것이 틀린 것이 아니라 다른 것이라는 것을 인정하는 것, 이런 것들은 진표 율사(신라시대 승려)가 부사의 방장에서 수련 정진 끝에 답을 얻지 못하고 절벽에서 뛰어내릴 때까지 풀리지 않았던 화두와 같은 것들이다. 하지만 우리는 깨지지 않을 거란 확신도 있었다. 그렇게 많은 토론을 했는데 하루아침에 끝날 그런 관계는 아니란 걸 알고 있었다.

우리는 절박했다. 게다가 쉬지 않고 이어지는 농사일에 피로가 누적되어 있었다. 돌이킬 수 없는 파국으로 가지 않기 위해 감정을 꾹꾹 눌러 참기도 했지만, 격하게 자신의 감정을 드러내고 콧김을 씩씩거리며 크게 다투기도 하였다. 사실 가장 큰 해결책은 기억력이다. 그런데 다음 날 무슨 문제로, 또 어떤 수준으로 그리 격하게 다퉜는지 기억이 나지 않는 것이었다. 느낌은 있는데 팩트가 기억나질 않는다. 기억이 나지 않아도 상관없었다. 오, 위대한 50대의 기억력이여~.

우리는 다음 날 아무렇지도 않게 그날의 일들을 해 나갔고 또 다른 토론 주제를 꺼내어 가열한 토론을 이어 갔다. 이것은 인류가 어떻게 유전자의 이기심을 극복하고 협력의 길을 만들어 왔는가를 확인하는 과정이기도 하다. 무엇보다 농사의 새로운 길을 찾으려는 우리들의 절박함은 그 어떤 차이와 꿈틀거리는 이기적 속성들을 최종적으로 양보하도록 안내하고 있었고 우리는 그 안내를 거부하지 않았다.

그렇게 격렬했던 다음 날은 마치 마음에 빗자루질을 하고 물청소를 한 것처럼 개운한 기분이 들었다. 마침내 우리는 협동을 방해하는 악

마들과 싸워서 이기는 방법을 조금 발견했다. 우리의 농사가 이런 과정을 거쳤기 때문에 우리는 결과에 대해 실망하지 않았다.

태양이 하지를 지나 소서를 거치고 참았던 장마가 굵은 빗방울과 함께 시작되었다. 2023년의 여름 장마는 8월 말까지 역대급의 강우량을 기록하며 들판을 물속에 가두었다. 그런 와중에 놀라운 일들이 일어나고 있었다.

2021년 9월부터 시작한 협동 농사와 탄소치유농법의 결합은 좋은 결과를 낳았다. 아이쿱생협은 시중에서 판매되는 같은 사양의 농산물보다 일정한 비율 이상의 파이토케미컬이 들어 있는 농산물을 항암 식품으로 선정하여 소비자에게 공급한다. 아직은 초기 단계이고 각 품목마다 매뉴얼을 준비하는 단계라 전체적으로 출하 대비 선정 비율은 30퍼센트 정도였다. 그런데 우리가 생산한 2022년산 마늘과 양파, 콩이 모두 기준치보다 높은 파이토케미컬을 함유하고 있어서 항암 식품에 선정되었다. 법인에서 생산한 벼 역시 전체가 항암 식품으로 선정되었다.

수치상의 결과보다 더 중요한 것은 농산물을 생산하는 과정에서 적용했던 다양한 요소들이 좋은 방향으로 작용하고 있다는 점을 확인한 것이다. 특히 벼와 콩은 주변의 관행 농법 단지가 입었던 병해충의 피해를 거의 보지 않았으며 수확량도 많았다.

2023년 그 어느 때보다 좋지 않은 여건 속에서도, 밀농사, 양파·감자 농사, 벼농사, 콩농사 모두 풍년이 들었다. 농부에게 풍년만큼 좋은 일이 어디 있겠는가. 하지만 이 풍년은 우연이 아니라 지난 30년간의 농사일과 농법의 전환, 생산 조직, 그리고 협동을 통해 만들어 왔던 노력들이 만든 결실임을 믿는다.

그리고 무엇보다 중요한 것은 우리가 실천하고 있는 탄소치유농업은 작물, 토양, 미네랄, 미생물의 상호 관계, 그리고 그 결과로 만들어지는 농산물이 어떠한 자격을 갖추어야 하는가에 대한 질문에 답을 주고 있다는 것이다. 농산물의 크기와 무게에 집중하는 농업, 그러한 농산물을 만들기 위해 과도하게 많은 농자재를 투입하는 농업에서 탈피하여 인간과 지구에 모두 이로운 농사의 새로운 장이 열리고 있다.

이주 노동자 없이
농사도 없다

2020년 2월 기준으로 한국에는 227만 1,372명의 이주 노동자가 입국하였고 이 중 34만 9,368명(17.4퍼센트)이 불법 체류하고 있다. 한국 체류 이주 노동자와 미등록 노동자 수는 꾸준히 증가하여 2022년 말에는 미등록 외국인이 41만 1,270명으로 늘어났다. 2023년 합법적으로 농촌에 배치된 이주 농업노동자는 3만 8,000명이다. 미등록 외국인 노동자의 수는 정확한 통계가 없다.

농장에서 고용되어 1년 내내 상주하는 이주 노동자는 대체로 고용허가제를 통해 입국한 합법적인 취업 노동자이다. 미등록 노동자들의 경우 공동생활을 하며 함께 일당 벌이를 다니는 작업반 형태로 존재한다. 많은 경우 30~40명, 적으면 5~10명 단위로 구성되어 있는 작업반은 한국인 작업반장이 일을 알선해 주고 임의로 수수료를 받는 방식으로 운영된다.

작업반장은 잠자리를 제공하며 식사는 노동자들이 공동으로 해결한다. 부부가 함께 온 경우 별도의 거처를 마련하고 일은 단체로 함께 다니기도 한다. 이들은 대파, 양파, 마늘, 배추, 무 등 노지 채소의 파종과 관리 수확 작업 등 농촌의 거의 모든 농작업을 다 한다. 남자들의 경우 제초 작업, 관리기 등 간단한 농기계 작업을 하기도 하는데 최근 들어 기계를 능숙하게 다루는 이주 노동자가 생겨나면서 지게차와 트랙터, 수확물의 운반 등 난이도 있는 농작업을 하는 노동자들도 늘어나고 있다. 최근 콩 재배가 늘면서 콩 파종 이후 제초제 작업을 전문으로 다니는 외국인 작업단이 활동하기도 한다.

태국, 필리핀, 베트남, 몽골, 터키, 우즈베키스탄 등 출신 국가도 다양하다. 대졸 이상의 학력을 가진 사람이 많은 것도 특징이다. 요즘은 거의 대부분 마트에 아시아 제품 코너가 있다. LA에 한인 마트, H마트가 있는 것처럼 우리나라 도시마다 아시아 마트가 생겨나고 있다.

한편 2023년 6월 뜨거운 날씨에 제초제 작업을 하던 이주 노동자가 열사병으로 사망하는 안타까운 사건이 일어나기도 했다. 2020년 12월에는 허름한 비닐하우스에서 살던 이주 노동자가 사망하는 사고도 있었다. 이 안타까운 죽음 앞에서 이주 노동자들의 집과 처우를 개선해야 한다는 목소리가 커지다가도 크게 좋아지지 않는 것이 현실이다.

법무부에서는 2023년 초 불법 체류 감축 5개년 계획을 발표하고 3~4월 두 달 간 5개 부처 합동으로 대대적인 단속을 벌였다. 한편으로 농림부는 부족한 농촌 일손을 해결하기 위해 계절 노동자 확대 및 체류형 영농 작업반 확대 등의 계획을 추진하고 있다.

출생률이 0.7도 안 되고 60대 이상이 30대보다 더 많은 고령화 문제가 극도로 심각하다. 인력 문제가 해결되지 않을 경우 우리 농업은 큰 위기를 맞을 것이다. 이주 농업노동자가 적절한 대우를 받으면서 필요한 만큼 일할 수 있게 하는 적극적인 대책이 꼭 필요하다.

묻고 생각하는
농업의 미래

이 장에서는 농업의 현재와 미래에 대해 나의 생각을
질문에 답하는 식으로 풀어 보았다. 정답이나
해답이라기보다는 함께 찾아가자는 의견으로
들어 주었으면 한다.

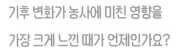

기후 변화가 농사에 미친 영향을
가장 크게 느낀 때가 언제인가요?

2020년 1월 밀농사를 짓는 회원들에게서 즐거운 소식이 들려왔습니다. 밀이 다른 해에 비해 잘됐다는 것이었습니다. 평년의 그맘때면 밀이 땅바닥에 붙어 추위를 피하며 봄을 기다리고 있어야 마땅한데 벌써 20센티가 넘게 키가 자라고 있었어요. 하지만 회원들의 기대는 시간이 지나면서 절망으로 바뀌었습니다. 겨울에 길게 자란 밀은 밑동이 썩어 가는 병에 걸려 3월이 되면서 생장이 거의 멈추어 버렸습니다. 검은 이삭을 피워 올리기 시작하더니, 반이 검게 죽었습니다. 당연히 수확량은 형편이 없었죠. 평년의 3분의 1에도 미치지 못했습니다.

원인은 겨울철 온도였어요. 그해는 평년보다 1도가 높았습니다. 사람들은 그 정도 기온을 크게 체감하지 못할지 모르지만 겨울 동안 잠을 자야 하는 밀에게는 엄청난 온도였습니다. 겨울철 잠을 자야 할 밀을 부추겨 웃자라게 했고 열흘가량 빨리 이삭이 맺었습니다. 그러다가 3월 말에서 4월 초 늦서리가 내릴 때 얼어 죽고 만 것이죠. 따뜻한 겨울이 농사에 끼치는 영향은 참혹할 정도입니다. 2023년 가을 온 나라를 떠들썩하게 했던 사과 값 폭등도 이와 같은 맥락에 있습니다.

2023년 7월, 감사원에서 기후 위기 적응 및 대응 실태(물 식량 분야)에 대한 감사 보고서를 발표하였습니다. 이 보고서는 기후 변화에 대한 국제적 동향과 국내 동향, 그리고 예상되는 물과 식량의 부족에 대한 국가적 대응을 요구하고 있습니다.

기후 변화에 관한 정부 간 협의체(IPCC)가 2023년 발표한 6차 보고서는 기후 변화 대응 노력을 포함하여 기후 변화에 대한 4개의 시나리오를 제시합니다. 인간이 적극적인 온실가스 감축 노력을 할 때 2100년의 지구 온도는 0.3도, 별다른 노력이 없다면 4.8도까지 상승할 것으로 예상합니다. 특히 2040년 안에 1.5도까지 높아질 것으로 예측하고 있습니다. 한국은 이미 2018년 1.8도가 상승하여 세계적 추세보다 더 높게 온도가 상승하고 있습니다.

이로 인해 2100년까지 정부의 국가 물 관리 계획의 전망보다 2.2~2.4배 가뭄이 증가하고, 국내 쌀 생산성은 20퍼센트가량 감소할 것으로 예상됩니다. 국제적으로는 2035~2036년 우리나라 주요 곡물 수입국의 수출 가능량은 밀이 33.8퍼센트, 콩은 63.1퍼센트, 옥수수는

기후 변화로 작물 주산지가 바뀌고 있다

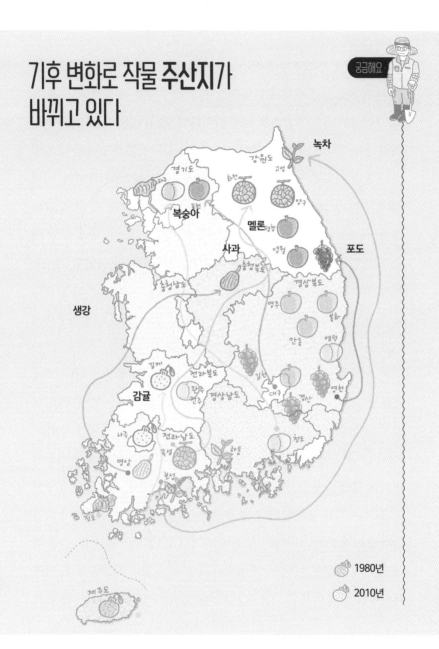

녹차

강원도

경기도

화천

고성

복숭아

양구

멜론

평창

사과

포도

영월

충청북도

충청남도

경상북도

생강

영주

봉화

안동

영덕

김제

전라북도

김천

감굴

완주

경상남도

전주

대구

경산

예천

나주

전라남도

영암

곡성

하동

청도

보성

진도

제주도

🍊 1980년

🍊 2010년

25.8퍼센트까지 감소할 것이라고 전망합니다.

기후 변화는 재배 작물도 바꿉니다. 21세기 후반에는 경상, 전라, 충남 지역까지 아열대 기후로 바뀔 것이라고 합니다. 농촌진흥청은 이에 대비하여 이미 22종의 아열대 작물을 선발하여 농가에 보급하고 있습니다. 바나나를 비롯하여 망고, 백향과, 용과, 올리브, 파파야, 아떼모아, 구아바, 헤이조나, 커피 등의 과일과 오크라, 삼채, 여주, 공심채, 강황, 사탕무, 얌빈, 게욱, 롱빈, 아티초크, 인디언시금치, 차요테 등 채소 12종입니다. 8개월 이상 평균 기온이 10도 이상인 아열대 기후구에서 자라는 작물들이죠. 이 외에도 민간을 통해 재배되는 아열대 작물을 포함하면 2020년 2월 기준 1,376호의 농가가 311.4헥타르에서 5,697.3톤의 아열대 작물을 생산하고 있지요.

또 현재 재배되는 작물의 품종과 재배 방식도 바뀔 것입니다. 최근 농촌진흥청에서 연구하는 대부분의 품종 개발의 목표는 기후 변화 대응에 맞추어져 있습니다. 벼는 여름에 자라는 작물이지만 온도가 35도를 넘는 날이 계속될 경우 수정이 제대로 되지 않습니다. 보통 태풍은 벼가 고개를 숙일 무렵인 9월 말에 찾아오는데, 점점 태풍의 횟수가 늘고 오는 시기도 늦어집니다. 한창 추수기인 10월 중순에 태풍이 오면 수확량은 물론이고 낟알의 품질에 타격이 큽니다. 이와 같은 자연 현상은 이제 특별한 해의 일이 아니라 우리의 현실이 되었습니다. 이에 대비하기 위해 여름의 고온과 가을 태풍에 잘 견딜 수 있는 벼 품종 개발을 추진하고 있습니다. 철원, 삼척 등 밀이나 보리의 2모작이 불가능하던 지역이 이제는 가능 지역으로 바뀌고 있습니다. 이제 밀은 전국 어디서나 2모작 재배가 가능해졌습니다. 겨울에도 얼어 죽지 않기 때문이죠.

따뜻한 겨울 때문에 파종 시기가 달라지는 작물도 있어요. 보리나 밀, 마늘이나 양파 등 겨울 작물의 파종 시기도 열흘가량 늦추어졌어요. 추운 겨울에는 자라지 않던 이들 작물은 지금은 봄비와 비슷한 온도의 겨울비를 맞으며 성장을 합니다. 늦게 심어도 더 빨리 자랍니다. 하지만 이렇게 빨리 자란 작물들은 3~4월에 내리는 서리에 취약할 수밖에 없습니다. 몸속에서 이삭이 형성되고 있는 상태에서 2~3일 서리를 맞으면 냉해를 입어 쭉정이가 되어 버립니다. 이런 이유로 생육 기간을 단축시키기 위해 작물을 늦게 심는 것입니다.

따뜻해진 겨울로 인해 이전에는 없던 병해충이 발생하기도 해요. 밀, 보리의 붉은 곰팡이병은 예전에는 5월 초에 한 번만 방제하면 되었습니다. 지금은 3~4월에 한 번 더 방제를 해야 안심할 수 있습니다.

그나마 파종 시기를 조절하여 웃자람을 방지할 수 있는 작물들은 기후 변화에 대한 대응이 나은 편입니다. 하지만 과수의 경우에는 다릅니다. 과수는 일 년 내내 서 있어야 하는데 온도의 변화는 치명적인 결과를 가져옵니다. 대표적인 경우가 일찍 꽃이 피는 문제입니다. 2020년 이후 배, 사과 등 국민 과일의 조기 개화 현상이 해마다 반복되고 있습니다. 일찍 꽃이 핀 상태에서 서리를 맞으면 수정이 불가능한 상태가 되고 결국 열매가 열리지 못합니다. 사과 한 알에 1만 원 하는 일들이 벌어질 수밖에 없는 거죠. 가격이 이렇게 폭등하면 대부분 소비자 입장에서 불편한 것만 조명되기 쉬운데, 사실 가격이 아무리 비싸도 농민들은 돈을 벌지 못합니다. 팔 물건이 없으니까요.

기후 변화에 따른 농업의 변화가 어떤 이들에게는 기회가 된다고도 합니다. 하지만 우리 먹거리의 대부분은 스마트 팜에서 길러 낼 수 없는 식량 작물과 토양에 뿌리를 내려야 하는 채소와 과수를 기반으로 하고 있습니다. 기후 변화는 우리의 식량 체계를 근본적으로 위협하고 있습니다.

자원 고갈도 심각한 문제입니다. 2022년 세계적으로 비료 사용량이 줄었습니다. 비료 가격이 상승한 탓이죠. 러시아-우크라이나 전쟁의 여파로 천연가스 가격이 상승하고 칼륨, 인산염 등 비료의 원료를 수출하는 나라들의 수출이 통제되었기 때문입니다.

기후 위기가 심화되고 자원이 바닥을 보이면서 자원 이기주의, 국가주의가 날로 심해지고 있습니다. 이스라엘과 팔레스타인 전쟁에서 보듯이 이러한 상황은 더욱 극렬해질 것입니다. 세계 여러 나라가 정치적으로 보수화하는 현상도 이와 무관하지 않다고 생각합니다. 이제 위기는 경고 단계가 아니라 현실이 되었습니다. 기차가 무너지고 있는 다리에 이르기 전에 다른 선택을 고민해야 할 것입니다.

1퍼센트의 힘을 이야기하시는데요,
어떤 의미인가요?

우리나라의 국산 밀 자급률은 1퍼센트입니다. 2023년 생산량으로는 2.5퍼센트 정도 되지만 소비량은 1퍼센트 수준입니다. 1퍼센트를 자급한다는 것은 무슨 의미일까요? 겨우 1퍼센트를 가지고 식량 자급을 얘기할 수 있을까요?

우리밀 살리기 운동 본부에서 바구미 실험을 했어요. 바구미는 곡류에 잘 생기는 대표적인 곤충이죠. 국산 밀가루에 들어간 바구미는 3일이 지나도 잘 살아 있었는데 수입 밀에 들어간 바구미는 모두 죽었어요. 10년이 지나 같은 실험을 해 봤어요. 그런데 이번에는 국산 밀에서도 수입 밀에서도 모두 죽지 않았지요.

저는 소비자 간담회 때 국산 밀의 안전성을 설명할 때 이 얘기를 꼭 합니다. 수입 밀에서 바구미가 죽지 않는다는 말에 간혹 안타까움을 표시하는 분들도 있습니다. 국산 밀에 대한 사랑이 그만큼 크기 때문이겠지요. 하지만 수입 밀에서도 바구미가 죽지 않을 만큼 안전해졌다는 점이 중요합니다.

우리밀 살리기 운동은 강력한 먹거리 안전 운동이기도 합니다. 국산 밀과 수입 밀의 비교에서 바구미 실험으로 상징되는 안전성 문제는 아주 민감한 이슈였습니다. 정부와 수입 업자, 제분 업자와 수출국도

이 문제에 대해 해결책을 강구하지 않을 수 없었을 것입니다.

한국제분협회 홈페이지(보통 이런 종류의 홈페이지는 형식적으로 운영되는데)에 들어가면 수입 밀이 농약, 방부제, 표백제로부터 안전하다는 설명을 하는 데 꽤 많은 지면을 할애하고 있습니다. 1퍼센트의 국산 밀이 99퍼센트의 '밀'을 변화시킨 것이지요.

제가 처음 농사를 짓기 시작했을 때 벼농사는 지금과 많이 달랐습니다. 이른바 고밀도 밀식 재배가 일반적이었습니다. 1평당 몇 포기의 벼가 심어지는가를 표시하는 단위로 '주' 수를 씁니다. 1990년대 초에는 보통 한 평당 90주를 심는 것이 일반적이었습니다. 줄과 줄 사이의 간격은 30센티로 지금도 변함이 없지만 포기와 포기 사이의 거리는 조절이 가능한데 90주의 포기당 간격은 12센티입니다. 한 포기당 벼 종자의 개수도 7~8개, 많으면 10여 개까지 들어갑니다. 못자리를 만들 때 모판에 볍씨를 뿌리면 바닥이 안 보일 정도로 두껍게 종자를 쳤지요.

이런 방식으로 모를 심으면 벼가 자라면서 공기 소통이 제대로 되지 않아 밑동이 썩는 문고병에 걸리기 쉽습니다. 적어도 3번, 많으면 5번 이상 독한 농약을 뿌려야만 문고병, 도열병, 흰잎마름병과 혹명나방, 이화명나방, 멸구 등 각종 병해충을 피할 수 있었죠.

농약을 치는 시기를 놓치면 병해충으로 한 해 농사를 망치기도 하였습니다. 한때는 뿌린 농약과 비료의 양이 그해 수확량이라는 웃지 못할 무용담이 떠돌기도 했습니다. 지금은 이런 방식으로 벼농사를 짓는 사람은 없습니다. 비료와 농약은 일정량을 넘어가면 효과가 없다는 것이 확인되었기 때문이죠.

초기의 친환경 농업은 친환경으로 인정된 자재를 쓰는 것 이외에 크게 다르지 않았습니다. 독성이 약한 친환경 자재는 창궐하는 병충해를 이기지 못하였습니다. 실패가 이어지면 자연히 위축되게 되지요. 과거 해 오던 방식으로 돌아가고 싶은 유혹과 계속 씨름하게 됩니다.

이 문제는 소식 재배를 도입하면서 양상이 달라졌습니다. 소식이라는 건 드문드문 모를 심는 방식입니다. 1,200평당 40킬로씩 사용하던 종자의 양을 6킬로로 줄이고 심는 거리를 25센티까지 넓게 했습니다. 한 포기에 겨우 1~3개 정도의 모를 심으니, 지나가는 농민들이 모두 손가락질을 했습니다.

하지만 벼는 자라면서 충분히 새끼를 쳐서 줄기가 늘었고, 줄기마다 일반 재배의 두 배나 되는 이삭을 피워 냈습니다. 이삭 1개당 250개까지 벼알이 달렸고, 무엇보다 문고병을 비롯한 일체의 병이 달려들지 않았습니다. 알곡은 실하고 벼를 도정하여 쌀로 만드는 비율인 도정수율도 5퍼센트 이상 증가하였습니다.

놀라운 일이었죠. 못자리가 다소 번거롭기는 하였으나 더 이상 벌겋게 병들어 가는 논을 바라보며 망연자실하지 않아도 되었으니 그 정도의 수고로움은 감당할 만했지요. 저질소 소식 재배는 지나가는 농민들의 입을 통해 번져 나갔습니다. 주변의 관행 재배 농가들도 지금은

60주 이상 모를 심지 않습니다. 간격을 18센티 정도 두고, 농약도 두 번 정도만 뿌립니다. 정부는 농약안전사용관리기준(PLS)을 만들어 농가들의 과도한 농약 사용을 규제하고 있습니다.

친환경 농사에서 얻은 농사의 경험을 밀 생산 농가들과 공유하면서 밀 재배 방식도 많이 바뀌었습니다. 3~4년 전에 비해 밀 농가의 비료 사용량도 3분의 1 이상 줄었습니다.

친환경 농업 인증 비율은 4퍼센트 수준에서 턱걸이를 하고 있습니다. 하지만 이 4퍼센트의 친환경 농업이 한국 농업에 미치는 영향은 결코 적지 않습니다. 먹거리 안전에 대한 소비자 의식을 높이고 생산 방식에서도 농약이나 화학 비료의 과도한 투입을 억제하는 방향으로 빠르게 전환되어 가고 있습니다.

1퍼센트와 4퍼센트는 결코 작은 수치가 아닙니다. 이미 친환경 농업적 방법들은 연구자들을 통해 농사의 기본적 매뉴얼이 되어 가고 있습니다.

친환경 유기 농업이 왜 중요할까요?

　　문명은 농업에서 시작되었습니다. 새로운 대전환 역시 기후의 최전선에 서 있는 농업의 대전환을 요구하고 있습니다. 지금의 농업은 과잉 생산을 목표로 하고 있지요. 더 많이 생산하면 더 많은 돈을 번다는 단순한 논리의 굴레를 벗어나지 못하고 있어요. 그 폐해는 이루 말할 수 없을 정도입니다. 비료와 농약을 지나치게 많이 사용하고, 소비되지 못한 농산물은 가차 없이 폐기됩니다. 음식 쓰레기도 과잉 생산을 목표로 하는 농업 방식에서 비롯되었습니다.

　과잉 생산은 '좋은 생산'으로 바뀌어야 합니다. 돈만 되면 그만인 농업에서 벗어나야 합니다. 당연히 생산자가 돈을 버는 것도 중요하지만 그보다 먼저 사람에게 좋은 농산물을 적정하게 생산하는 것을 목표로 할 수 있어야 합니다.

　무엇보다 오랜 기간 동안 노하우를 쌓아 온 친환경 농업, 탄소 치유 농업에서 새로운 돌파구를 찾을 수 있다고 봅니다. 비료와 농약에 의존하는 화학 농법에서 작물이 건강하게 자라는 생태 농법으로 전환되어야 합니다. 더 이상 땅을 비료와 농약에 찌들어 미생물이 살 수 없는 죽음의 공간으로 두어서는 안 됩니다. 수만 종의 미생물이 살아 숨 쉬는 생명의 공간이었던 본래의 모습을 되찾아야 합니다. 풀과 미생물을 잡초와 병충해라는 이름을 붙여, 화학합성 농약으로 깨끗하게 몰

살하고 화학 비료에 의존해서 짓는 농사로 얻는 결실은 건강하다고 할 수 없습니다. 그 모든 것이 풍성하게 살아 있는 위에 농작물이 가진 본성이 잘 발현되어 건강하게 자라는 농사의 기술을 체계화시켜야 합니다.

좋은 생산은 조직적 생산, 협동 생산, 계약 생산을 전제로 합니다. 개별 생산은 조직적 생산으로 바꾸어야 합니다. 국가적으로는 자조금 조직, 지역적으로는 법인과 같은 지역 생산 조직을 중심으로 농법과 생산이 조절되는 구조를 만들어야 합니다.

이런 좋은 생산과 더불어 좋은 유통 구조도 필요합니다. 농산물을 잘 관리하고 적정한 가격에 소비자에게 전달하는 유통 구조가 필요하지요. 소비자 생활협동조합(생협)을 그 대표적인 예로 들 수 있습니다. 제가 몸담고 있는 아이쿱생협은 전체 회원이 30만 명이 조금 넘습니다. 조합원들은 매월 1만 원 정도의 조합비를 내고 자연드림 매장이나 온라인 주문을 통해 친환경 농산물과 각종 가공식품을 공급받습니다. 조합원이 아닌 사람도 이용할 수 있습니다. 다만 가격 구조가 다릅니다. 일반 가격은 조합원 가격에 비해 20~30퍼센트 비쌉니다.

생활협동조합의 물건 가격은 언뜻 보면 일반 시장에 비해 비싸 보입니다. 하지만 오랜 기간 동안 멤버십을 유지해 보면 연중 안정된 가격 체계를 유지하고 있는 것을 알 수 있습니다. 가을철 배추가 품귀 현상이 들어 한 포기에 1만 원 하던 때에도 생협 가격은 2,000원 선을 유지하였습니다. 이렇게 할 수 있는 이유는 소비자들이 이 유통 구조의 주인이기 때문입니다.

소비자가 만들고 운영하는 생협과 같은 유통 조직이 커지면 커질수록 친환경 유기 농산물의 수요가 많아질 것이고 그 결과는 생산량 증가로 이어지지 않겠습니까? 그럼 자연스럽게 가격은 낮아지겠지요.

우리나라 식량 자급률이 45%, 곡물은 19.5%라고 합니다 (2019~2022년 평균). 세계적으로 식량을 안보로 연결시키는 움직임도 커지는데, 대응할 수 있을까요? '로컬 푸드'는 어떻게 가능할까요?

식량 자급률은 농업뿐 아니라 모든 산업이 다 관련되는 복잡한 문제라 딱 부러진 해결책을 내놓기는 정말 어렵습니다. 그래서 제가 경험한 선에서만 이야기해 보겠습니다.

제가 학교에 다니던 시절에는 각자가 도시락을 싸 가지고 다녔습니다. 제 아들과 딸이 학교에 다닐 때에는 돈을 내고 학교에서 점심을 먹을 수 있었어요. 지금은 초중고생이라면 모두 무상으로 학교 급식을 먹을 수 있지요. 여기에 공급되는 쌀은 100퍼센트, 여건에 따라 차이는 있지만 기타 농산물은 43퍼센트가 친환경으로 재배된 것입니다. 이렇게 무상 급식과 친환경 급식이 이루어지기까지는 많은 이들의 치열한 수고와 노력, 투쟁이 있었어요.

우리 법인(미래영농법인)은 부안군의 위탁을 받아 '부안군 친환경 학교 급식 지원센터'를 운영하고 있습니다. 친환경 쌀과 농산물, 지역산 가공품을 취급하는데, 연간 매출이 10억 정도입니다. 부안에서 생산되지 않는 농산물은 전라북도산을 사용합니다. 부안에는 42개 학교가 있고 이 중 조리를 하는 곳은 22개 학교입니다. 조리를 하는 학교들이 다른 2~3개 학교에 급식을 공급하는 방식이지요.

센터는 2개월 단위로 공급 가능한 농산물 목록과 가격을 부안군, 교육청, 센터가 참여하는 운영회의에서 결정하고 고시합니다. 1개월 전에 학교 영양 교사님들이 식단을 구성하여 재료를 발주하면 센터는 물품을 준비하여 매일 가장 신선한 상태의 농산물을 학교에 보냅니다. 된장, 고추장, 참기름, 요구르트, 주스 등 가공품도 함께 공급하고 있습니다. 쌀은 100퍼센트 부안산, 농산물은 부안산을 포함하여 전북 도내산이고 가공품도 도내산입니다.

이런 규칙을 정하자 학교 급식은 지역 생산 구조에 영향을 미쳤어요. 특히 완주군은 급식에 들어가는 모든 품목을 지역산 농산물로 공급하는 구조를 만들면서 한국형 로컬 푸드가 자리 잡기 시작한 것이죠. 서울의 학교 급식과 연계되면서 공급 규모도 커지고 소농 중심인 생산자도 크게 늘어나 3,000명에 이릅니다. 로컬 푸드 매장도 성공해서 전국으로 확산되기 시작했습니다. 현재 완주와 연관된 로컬 푸드 매장은 12곳인데, 이들의 연간 매출은 600억 원에 이릅니다. 완주의 성공은 전주, 김제 등 전라북도를 넘어 전국으로 확산되었고, 농협이 참여하면서 전국적으로 400여 개 로컬 푸드 매장이 운영 중입니다. 로컬 푸드 운동과 매장이 성공하자 초기에는 소농이었다가 영농 규모가 커진 농가도 있을 정도로 로컬 푸드 운동은 성공적으로 정착되었습니다.

로컬 푸드 운동의 성공은 국가적인 규모로 퍼져 가고 있습니다. 전북발전연구원에서 완주군의 사례를 토대로 전주시는 지역 농업과 공공 급식 정책을 수립하는 과정에서 '푸드 플랜'을 논의하기 시작했습니다. 이것이 지난 문재인 정부에서 핵심 농업정책 과제로까지 발전하게 된 것이죠.

그동안 농업정책에서 영세 소농들은 크게 주목받지 못했습니다. 그런데 이제 그들이 생산의 중심이 되고 이동 거리 20킬로미터 이내를 중심으로 공급 구조를 만드는 공공 급식, 먹거리를 매개로 지역의 복지 시스템을 만드는 것이 주요한 과제로 떠올랐습니다. 나아가 국가적 규모에서는 기후 위기에 대응한 식량 자급력의 강화라는 굵직한 과제도 이 푸드 플랜 정책에 들어가게 된 것이죠. 이러한 먹거리 공공 생산 조달 시스템 구축은 이미 유럽이나 미국, 일본에서 세계무역기구(WTO) 협정 예외 사항으로 규정되어 있다는 점도 주목할 만합니다. 정부가 이러한 분야에 예산을 배정하더라도 무역 분쟁 시비에서 자유

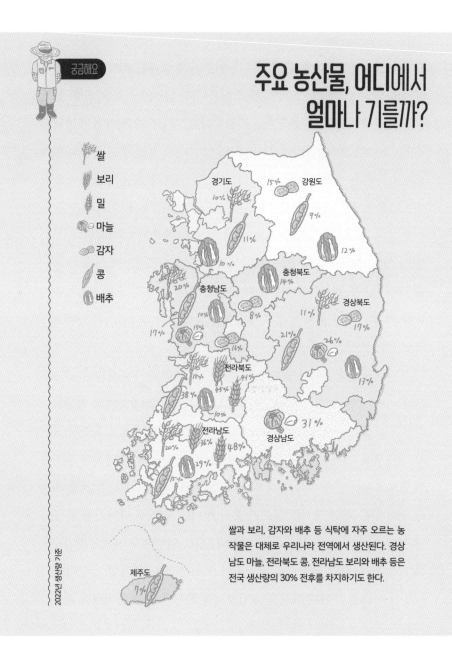

궁금해요

주요 농산물, 어디에서
얼마나 기를까?

쌀
보리
밀
마늘
감자
콩
배추

경기도
15%
강원도
10%
9%
11%
12%
10%
충청북도
20%
14%
충청남도
경상북도
10%
11%
8%
17%
15%
21%
26%
16%
17%
전라북도
41%
13%
15%
38%
31%
10%
전라남도
경상남도
20%
36%
48%
29%
15%

2022년 생산량 기준

제주도
7%

쌀과 보리, 감자와 배추 등 식탁에 자주 오르는 농
작물은 대체로 우리나라 전역에서 생산된다. 경상
남도 마늘, 전라북도 콩, 전라남도 보리와 배추 등은
전국 생산량의 30% 전후를 차지하기도 한다.

172

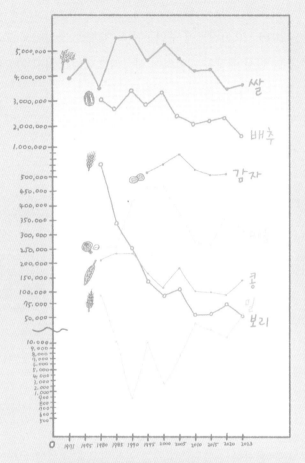

2023년 기준
단위: 톤

1971년부터 2023년까지 주요 농작물 생산량 그래프이다. 쌀 생산량은 50여 년 전과 거의 비슷하고 밀은 크게 줄었고, 다른 작물들도 대체로 생산량이 줄고 있다는 것을 한눈에 볼 수 있다. 원인이 무엇일지 어떻게 바라볼지 생각해 보자.

로울 수 있다는 것입니다.

부안군은 2019~2020년도에 부안군 푸드 플랜을 수립하고 2021년도에 로컬 푸드 임시 매장을 개설하여 성공적으로 운영하고 있습니다. 현재는 푸드종합지원센터를 신축 중에 있고요.

급식과 로컬 푸드, 푸드 플랜 정책 등은 먹거리를 단순히 식량 공급의 문제가 아닌 사회적 관계망의 관점에서 바라본다는 의미가 있습니다. 시장은 발전할수록 단순해지지만 이 영역은 발전할수록 더 복잡해지고 촘촘해지는 특성을 가지죠. 무수히 많은 관계가 형성하는 스토리들이 그 속에서 함께 자라나게 되어 훨씬 풍요롭습니다. 이 경험을 더 깊이 연구하고 확장하여 모든 국민들이 체감할 수 있다면 식량 자급 문제를 풀 단서가 되지 않을까요?

귀농, 귀촌을 생각하는 청년들에게 어떤 이야기를 하고 싶으세요?

귀농을 생각하는 사람들에게는 공통적으로 조밀한 도시 생활 혹은 각박한 직장 생활에 대한 염증을 귀농 생활이 해소해 줄 거라는 기대가 있는 것 같습니다. 당초에 이러저러한 계산 없이 농사를 직업으로 자신의 삶을 일구어 보겠다는 인생 설계를 바탕으로 농촌을 택하는 이들도 있습니다.

귀농하는 사람들은 농촌에서도 일정한 소득을 가질 수 있을 거라고 기대합니다. 당장에는 직장인의 월급에는 미치지 못하더라도 먹고사는 데는 지장이 없는 정도는 벌 수 있을 거라고 생각할 것입니다. 열심히 노력해서 기반을 잡으면 도시에서의 직장 생활보다 경제적으로도 더 나을 것이라는 기대를 품기도 합니다. 경우에 따라서는 부모님의 농사를 물려받은 승계농도 있습니다.

최근 들어 귀농, 혹은 청년 농업인에 대한 각종 혜택과 지원이 많아졌습니다. 하지만 실제 생활을 해 보면 그 지원만으로 농촌에서 자리를 잡는 것은 솔직히 불가능합니다. 처음부터 큰돈을 대출받아 기계를 들이고 '스마트' 어쩌고 하는 기술로 농사를 지으려다 실패해서 빚을 지게 되는 일도 적지 않습니다.

농촌에서의 삶이 실패하지 않기 위해서는 몇 가지 조건이 있어요. 가장 중요한 것은 사회적 자산을 쌓는 것입니다. 사회적 자산이라 함은 농촌의 지리적, 경제적 정보와 인간관계에서의 믿음이나 신뢰 같은 것들이지요. 땅을 임대하거나 단기간에 돈을 벌 수 있는 일을 가지는 데 있어서 이런 정보와 관계 들은 매우 중요한 자산이 됩니다. 마을의 영농조직이나, 종교단체, 사회단체, 체육동호회 등은 농촌에서 외롭지 않게 살아가는 인간관계를 맺거나, 사회적 자산을 형성하는 중요한 매개가 될 수 있습니다. 농촌은 여전히 혈연, 지연, 학연과 같은 1차적 관계가 큰 힘을 갖는 곳입니다. 자신의 커뮤니티를 빨리 만들수록 농사 계획을 더 잘 세우고 생활도 잘 할 수 있습니다.

귀농을 했다면 처음부터 특수한 작물에 도전하기보다는 그 지역에서 일반적으로 재배하는 평범한 작물을 선택하는 것이 좋습니다. 농업은 기술 수준에 따라 소득이 크게 달라지는데, 재배하기 쉽고 생산량도 많으며 값도 비싼 농산물은 없다는 것을 기억해야 합니다. 밥과 김치를 만드는 데 들어가는 벼, 배추, 고추, 참깨, 마늘 농사나 감자, 옥수수 농사도 잘 지어서 잘 팔면 충분히 먹고살 수 있는 돈이 됩니다. 다만 어떤 작물을 선택하든 그 분야에서 최고의 기술에 도달하도록 노력하는 것이 중요하겠지요.

숙련된 기술과 안정적인 판로, 충분한 자본이 있다면 모르되 시설하우스나 스마트팜과 같이 시설비가 많이 들어가는 작물은 초보 귀농인들은 피하는 게 좋다고 생각합니다.

농사에서 가장 중요한 기술이 뭘까요?
기계일까요, 경영 방법일까요?

당연히 높은 기술, 탁월한 경영 방법, 좋은 기계와 풍부한 자본이 있다면 농사에 큰 도움이 되겠지요. 하지만 대부분의 농사는 그렇게 호락호락하지 않습니다. 한국농업전문대학을 나온 젊은 청년 농부들도 뙤약볕 아래서 논두렁을 깎고 감자나 양파를 캐서 담는 노동을 합니다.

농사는 무엇보다 몸을 쓰는 일입니다. 그래서 힘이 들지요. 오랜 기간 농사를 지어 온 농부는 그 끝에 풍성한 수확이 기다리고 있다는 것을 알고 있기에 힘이 들어도 꿋꿋하게 일을 해 나가는 것이지요. 그래서 그 어떤 기술, 기계 또는 탄탄한 자본보다도 더 중요한 것은 끝을 보는 자세입니다.

농사는 상수보다 변수가 많은 분야입니다. 종자를 정성스레 뿌렸더니 갑자기 까마귀 떼가 달려들어 쪼아 먹는가 하면, 힘들여 비닐을 씌웠더니 바람이 휘몰아쳐 싹 거둬가 버리기도 합니다. 어떨 때는 작물보다 잡초가 더 많이 올라오고, 몇 달을 아침저녁으로 살피며 정성스레 키웠더니 마침 수확기에 맞춰 태풍이 몰아쳐 한 해 농사를 엉망으로 만들기도 합니다. 어떤 때는 수확을 잘 해 놓고도 갑작스런 가격 폭락으로 팔아도 아무런 수익을 낼 수 없을 때도 있습니다. 농사는 이런 변수들과 끊임없이 대결을 벌이는 일인지도 모릅니다.

마침내 결실을 거두어 곳간에 들여놓거나, 팔아서 통장에 돈이 들어오는 순간까지 긴장의 끈을 놓을 수 없습니다. 고개를 넘을 때마다 나타나 떡을 내놓으라는 호랑이를 결국에는 때려눕히고서 이윽고 도달한 집에는 따뜻한 아랫목과 맛있는 밥, 정다운 가족, 한없는 성취감의 감동이 덤으로 놓여 있습니다. 그러니 힘들고 어려워도 결코 포기하지 말고 최후의 깔딱고개를 넘어가길 바랍니다.

농업, 농사가 우리 사회에 가지는
가장 중요한 가치는 무엇일까요?

삶의 대전환 없이는 위기를 벗어날 수 없습니다. 이제 농업을 바라보는 관점의 전환이 필요합니다. 우리는 농업을 먹거리 생산 공장 정도로 생각하지요. 하지만 이제 농업은 생명의 가치를 교육하는 교육 공간이 되어야 합니다.

지금 당장 분배 정의를 세우고 성장을 멈추는 국가 정책을 추진하고 생활 방식을 바꾸는 것은 엄청난 사회적 갈등을 불러올 수밖에 없습니다. 적어도 한 세대가 준비할 수 있는 정도의 시간 동안 전 세대를 대상으로 지구와 함께 살기 교육이 이루어져야 합니다. 자연과 지구를 배우고 소비와 순환을 이해하는 가장 좋은 교육으로 농업만 한 것이 어디에 있을까요?

현생 인류 사피엔스의 역사가 10만 년, 농업과 문명의 역사가 1만 2천 년입니다. 이제 그 문명의 최전성기이자 최후의 전성기가 될지 모르는 100년을 지나, 어쩌면 '그 어떤 결정적인 순간'이 10년쯤 남아 있을지 모릅니다. 인류가 이 위기를 극복하건 극복하지 못하고 멸망하건 그다음은 반드시 새로운 문명이 시작될 것입니다. 선택은 오로지 인간의 몫입니다. 그 선택과 결정의 시간이 조금 늦으면 지구가 인간을 멈추게 하지 않을까요?

맺으며

나의 하루는 먼동이 터오는 새벽 스쿠터나 트럭, 자전거를 타고 논밭을 둘러보는 것으로 시작된다. 농업을 둘러싸고 있는 여러 정황들은 수상하기 이를 데 없지만 이른 아침의 들판은 여전히 늠름하다. 잡초를 뽑아내고 가지런하게 정돈된 양파밭, 지난겨울 유독 많은 비가 내렸는데도 상하지 않고 씩씩하게 이겨 낸 마늘밭을 지나 이슬을 머금고 하루를 맞이하는 밀밭을 지나간다.

북방 먼 곳에서 날아온 기러기와 청둥오리, 수천 마리의 까마귀들이 기척에 놀라 일제히 날아오른다. 어제 그제와 같이 대지는 생명력으로 충만하다.

곧 있을 법인 총회를 앞두고 이것저것 준비를 위해 사무실에서 일

을 보고, 사일로에 보관된 밀들이 잘 있는지 점검을 한다. 농사짓는 동료들과 다음 주에 심을 씨감자를 하루 종일 자른다. 고맙게도 K밀연구 동아리 회원들이 오늘은 통밀빵을 구웠는데, 가지런히 잘라 새참 거리로 챙겨 준다. 구수한 빵의 향기가 퍼진다.

겨울 농한기를 지내고 오래간만에 일을 하느라 어깨와 목, 허리와 발끝까지 뻑적지근하다. 뉘엿뉘엿 주황색으로 육묘장 서쪽 지붕이 물들며 해가 진다. 조금 남은 일거리는 내일 마저 하기로 하고 육묘장을 나선다. 지난번에 풀을 매다가 비가 내려 남아 있는 양파밭 잡초를 뽑아 보고 며칠 더 말려서 매기로 작정을 한 후 "내일은 법인 감사가 있으니 점심 먹고 한 시에 만나세." 인사를 나눈 뒤 마침내 헤어진다. 매일 보는데도 헤어질 때면 왠지 아쉬운 농사의 동지들이다.

1톤 트럭 속도를 시속 10킬로로 한껏 낮추고는 어두워 가는 들길을 지나 영은천변 뚝방길로 접어든다. 집으로 가는 길 중 1킬로미터쯤 뻗어 있는 이 구간을 나는 좋아한다. 멀리 변산 쇠뿔바위 언저리에서 발원하여 제법 우아하게 흐르는 영은천, 냇물 속을 오가는 피리, 갈겨니, 경칩을 지나 눈을 비비고 나온 개구리들의 안부를 묻고, 들일을 마치고 V 자를 그리며 어디론가 무리 지어 날아가는 기러기들과도 저녁 인사를 나눈다.

수양버들은 긴 가지를 냇물 위로 늘인 채 흐느적거리고, 면장 댁 담 벼락에 기대어 선 목련나무는 부풀어, 곧 터질 듯한 꽃눈을 달고 저녁을 맞이한다.

뿌리내리고 있는 그 모든 것들, 땅속에, 땅 위에 기고, 나는 모든 것들, 하늘의 구름과 대지를 적시는 빗물, 이 모든 생명들이 오래도록 나와 더불어 행복하기를, 그 속에서 벌어지는 우리들의 협동의 농사도 더불어 행복하기를 기원한다.

1%의 힘 농업 안내서

2024년 11월 5일 제1판 1쇄 인쇄
2024년 11월 15일 제1판 1쇄 발행

지은이   유재흠
그린이   안난초
펴낸이   김상미, 이재민

편집   정진라, 이지완
디자인   김다다

종이   다올페이퍼
인쇄   청아디앤피
제본   국일문화사

펴낸곳   (주)너머_너머학교
주소   서울시 서대문구 증가로20길 3-12 1층
전화   02)336-5131, 335-3366, 팩스 02)335-5848
등록번호   제313-2009-234호

ISBN 979-11-92894-61-4 44300
ISBN 978-89-94407-98-2 44300(세트)

https://blog.naver.com/nermerschool
페이스북 @nermerschool 인스타그램 @nermerschool

너머북스와 너머학교는 좋은 서가와 학교를 꿈꾸는 출판사입니다.